AMAXOFOBIA

Programa CEVEMIC

Cómo enseñar a vencer el miedo a conducir

Autores:
Sebastián Sánchez Marín (sebastia.sanchez@uab.cat)
Jordi Sánchez Marín (jsanchez@psicologia-mentsana.es)

Primera edición 2009
Impreso en Polonia por
Amazon (2019, tercera edición)

Índice

0. Introducción

La amaxofobia, o miedo a conducir, es un trastorno que afecta, en la actualidad, aproximadamente al 30% de conductores y conductoras (Pérez, 2005). Y a un 19% de pre-conductores/as, de estos últimos el 15% son mujeres y el 4% hombres (Sánchez, 2012).

Los indicadores del problema se muestran en un amplio abanico de síntomas, que se manifiestan desde una incapacidad absoluta para conducir, donde la persona que padece este nivel sufre un bloqueo absoluto con sólo pensar que ha de sentarse al volante y por lo tanto evitará exponerse a la situación fóbica; hasta la manifestación más liviana, donde el sujeto suele afrontar el reto que le supone conducir, aunque esta exposición le suponga soportar los síntomas que le producen aversión y malestar.

Los síntomas de la amaxofobia se manifiestan en la persona en tres niveles claramente diferenciados:

1) **El nivel cognitivo:** donde los pensamientos del sujeto se relacionan con la idea de sufrir un accidente y sus consecuencias.

2) **El nivel conductual:** en este nivel la conducta evitativa puede ser un gran inconveniente para la persona que padece amaxofobia ya que entorpece su desarrollo personal, social y laboral, pues quien sufre este trastorno evitará cualquier evento asociado a la conducción.

3) **El nivel fisiológico:** la persona puede presentar sudoración, ritmo cardíaco acelerado, sensación de pérdida de control, dolor y rigidez muscular, sequedad de boca, etc., etc.

Al mismo tiempo la amaxofobia representa un factor de riesgo en la conducción, ya que quien la padece, a un nivel leve o medio- leve, sigue enfrentándose a la conducción, pero conduce bajo un grado de ansiedad demasiado elevado, como para poder atender eficazmente el fenómeno de la circulación. Siéndole complicado e incluso, a veces imposible, encontrar respuestas adecuadas, que se ajusten a las circunstancias cambiantes, que se presentan en la tarea compleja de conducir.

El programa de "***Cómo Enseñar a Vencer el Miedo a Conducir***" (a partir de ahora CEVEMIC), pretende a través de su aplicación devolver la confianza a las personas que padecen amaxofobia y por lo tanto ofrece la posibilidad de que puedan desenvolverse con normalidad, como conductores/as seguros y eficaces.

La pretensión del programa CEVEMIC es triple: la primera se concreta en ampliar los conocimientos y la formación de todos aquellos profesionales que estén interesados en saber más sobre el miedo a conducir o amaxofobia, dándoles a conocer las estrategias y técnicas de evaluación y tratamiento que pueden ayudar a vencer la amaxofobia; la segunda contribuir en la mejora de la calidad de vida de las personas que sufren de este problema discapacitante y, por extensión; el tercer objetivo se concentra en incidir en la reducción de los accidentes de tráfico, ya que conducir bajo los efectos del miedo sea intenso o moderado, puede convertirse en un factor más de riesgo de accidente, a considerar en nuestra sociedad actual.

Finalidad y objetivos del programa

- **Finalidad del Programa de formación**:

La reducción de los accidentes de tráfico y la movilidad segura, a través de la intervención y acción formativa de aquellos profesionales que estén comprometidos con la seguridad vial y deseen ampliar sus conocimientos para la evaluación y tratamiento de la amaxofobia o miedo a conducir.

- **Objetivo general del programa**:

Instruir en los conocimientos, teóricos y prácticos fundamentales, para el reconocimiento, evaluación y tratamiento en el trastorno de la amaxofobia, que puedan presentarse tanto en alumnos preconductores, como en personas con experiencia previa en la conducción - amaxofobia primaria y amaxofobia secundaria-.

- **Objetivos específicos e instrumentales**:
  - Mostrar los factores de riesgo de accidente, general y/o específico, asociados a la amaxofobia.
  - Presentar e instruir sobre los sistemas específicos de evaluación de este trastorno.
  - Ilustrar sobre los posibles enfoques teóricos.
  - Compartir algunos casos prácticos en los que se ha ayudado a clientes a superar la amaxofobia.
  - Destacar la importancia de la evaluación educativa y la intervención.
  - Incidir sobre el trabajo en equipo y la visión multidisciplinar en los casos complejos de amaxofobia

Sebastián Sánchez y Jordi Sánchez

BLOQUE TEÓRICO

Capítulo 1

1. Definición de fobia y amaxofobia

Las fobias se caracterizan por un miedo irracional y desproporcionado a la exposición de situaciones, lugares, personas, animales, u objetos, ante los que el sujeto se siente indefenso e incapaz de controlar su conducta y por lo tanto de ofrecer una respuesta adecuada que le libere de su miedo y malestar. Por lo general las respuestas seleccionadas, por las personas que padecen cualquier tipo de fobia, es la de evitación -eludir la situación fóbica-, o en el caso de presentarse por sorpresa el estímulo fóbico el sujeto reacciona alejándose rápidamente de la situación. De ambas maneras logran reducir los síntomas de ansiedad.

La situación de miedo y la respuesta de evitación produce un ciclo en el que la exposición a lo temido ocasiona la emoción de miedo y éste a su vez genera una preocupación constante, por lo que puede pasar que, la persona que huye ante cualquier situación fóbica también la evite en el futuro. La consecuencia de esta conducta es que, sin saberlo, la persona está reforzando aún más su miedo y cada vez le será más difícil enfrentarse a las situaciones, lugares, personas, animales u objetos que le provocan ese miedo subjetivo e irracional.

Como hemos expresado anteriormente los síntomas de las fobias se manifiestan a nivel cognitivo, conductual y fisiológico:

- Los síntomas cognitivos se manifiestan por ideas y creencias que hacen pensar a la persona que algo horrible puede ocurrir relacionado con la exposición fóbica. El sujeto evalúa las situaciones normales como amenazantes y peligrosas. En la amaxofobia estos síntomas podrían ser: pensar que se va a sufrir de forma inminente un accidente.

- En cuanto al nivel conductual, la persona deja de comportarse de manera corriente, ya que el miedo, por ejemplo, puede hacer que sufra una paralización muscular que impida desarrollar cualquier tipo de tarea o actividad con normalidad o podría ocurrir que su reacción primaria sea la de huir, sin prestar atención al comportamiento social estándar. En la amaxofobia respuestas de ansiedad como: la tensión muscular, la taquicardia, o el sentimiento de que va a pasar algo horrible puede conllevar a la conducta de detener el vehículo, sin tomar las precauciones de seguridad y por lo tanto crear una situación de riesgo al entorpecer la circulación, o bien salir del vehículo alocadamente, sin adoptar la debida prudencia, para alejarse y huir de la situación y evitar los síntomas ansiógenos aversivos.

- Algunas de las respuestas fisiológicas aversivas incluyen: sudoración, aumento de la tensión muscular, aumento del ritmo cardíaco, temblores, dolor en el pecho, sequedad de boca, molestias estomacales, hiperventilación, adormecimiento de miembros (parestesia), vómitos, sensación de desmayo inminente, etc. En la amaxofobia las respuestas fisiológicas aversivas suelen ser las mismas descritas en cualquier otro tipo de fobia. El problema es que estas respuestas de ansiedad, que en origen pueden tener una función de preparación para ofrecer respuestas adaptativas ante una amenaza, se pueden asociar a nuevos estímulos neutros que en el futuro provocarán que se repitan los mismos síntomas fisiológicos, aún en ausencia de una amenaza real.

Un ejemplo ilustrativo de lo que acabamos de exponer es el siguiente: Imagínate que un día cualquiera, Daniel tiene un accidente de tráfico. Cuando sale del vehículo para hacer el parte, como la mayoría de personas ante esta situación, presenta un cierto estado de ansiedad; seguramente su ritmo cardíaco está alterado y no sería de extrañar que le sudasen las manos y que además estuviese con una tensión muscular elevada. La cuestión es que, si alguien le hiciera ver a Daniel que estaba sufriendo los síntomas mencionados, éste lo interpretaría como una situación corriente *"Es normal, acabo de sufrir un accidente"*, se diría para sí. Lo que posiblemente no sabe Daniel es que si en ese momento, en la radio de su

Sebastián Sánchez y Jordi Sánchez

vehículo está sonando una canción -pongamos por nombre "X"- que, a nivel consciente, Daniel, ni se ha percatado de ese hecho e incluso, si más tarde le preguntaran, no sabría decir si en el momento de cumplimentar la declaración amistosa de accidente estaba la radio encendida o no. No obstante, su inconsciente sí que ha registrado y catalogado el estímulo auditivo, y podría haber establecido una asociación, entre los síntomas de la ansiedad y la canción "X" que estaba sonando en su aparato de radio.

Si además le sumamos un estímulo olfativo, por ejemplo: el accidente sucede junto a un jardín donde hay jazmines. Tendremos que si, en el futuro, uno de estos estímulos neutros se produce, cuando por ejemplo Daniel esté tranquilamente relajado en cualquier lugar, supongamos tomándose un refresco en la terraza de un restaurante y escuche la canción "X", o su olfato capte el olor a jazmín, su mente hará que se reproduzcan los síntomas fisiológicos producto de la asociación del estímulo neutro y la ansiedad que padeció el día del accidente.

Esta situación, además de ser estresante y dolorosa, provoca que Daniel sea más propenso a realizar nuevas asociaciones con otros estímulos neutros, ya sean procedentes del entorno o internos de su propio organismo debido a que puede volver a asociar los síntomas de ansiedad con algo nuevo que esté ocurriendo mientras se está tomando el refresco, por ejemplo podría ser que hiciese un viento especialmente molesto... para el futuro puede que ese viento *especialmente molesto"* se haya convertido en otro disparador -otro nuevo estímulo neutro- de los síntomas indeseados.

Nuestra experiencia en la orientación y ayuda de las personas que sufren miedo a conducir nos ha llevado a distinguir dos tipos de amaxofobia que describimos a continuación:

a. **La amaxofobia primaria:** se caracteriza porque la persona que la padece presenta el miedo a conducir antes de haberse enfrentado a la situación fóbica. Un ejemplo que ilustra la amaxofobia primaria podría ser: la persona que va posponiendo la obtención su permiso de conducir. En este caso cualquier excusa es buena

Sebastián Sánchez y Jordi Sánchez

para no enfrentarse al problema. La cuestión es que a priori presenta un elevado miedo a verse conduciendo, aun siendo la primera vez, conociendo o sin conocer una justificación racional del por qué padece ese miedo.

b. La amaxofobia secundaria: es aquella que aparece tras un periodo de conducción normalizada, donde la persona ha conducido un vehículo aparentemente sin problema hasta el momento de la aparición de los primeros síntomas. Como en el caso de la amaxofobia primaria, puede ser que el sujeto tenga conocimiento del evento al que está asociado su miedo o simplemente no sabe cuál es el origen ni el porqué de su aprensión.

1.2 Cómo evaluar la amaxofobia

1.2.1 Reconocimiento y evaluación de la amaxofobia a través de la entrevista y el cuestionario

Sea cual fuese el modelo teórico en el que se fundamenta la relación de ayuda, es a través de la entrevista como se concreta el proceso de encuentro o relación entre dos personas (orientador y orientado), con el fin de potenciar el desarrollo personal del cliente. Son muchas las clasificaciones que de la entrevista se han realizado partiendo de diferentes criterios. En este caso nos vamos a ocupar de la entrevista realizada desde el punto de vista de la orientación y la relación de ayuda.

Sebastián Sánchez y Jordi Sánchez

Variables que condicionan la orientación y la relación de ayuda en la entrevista:

a. La variable orientador

El profesional u orientador es la pieza clave en la relación de ayuda. De las características de su personalidad, de sus actitudes ante el orientado y de sus habilidades para facilitar la comunicación dependerá el éxito o fracaso para la consecución de los objetivos propuestos. Así una serie de competencias básicas que todo orientador debe poseer para facilitar la comunicación en la relación de ayuda son:

1. **Aceptación positiva incondicional**: consiste en permitir a cada individuo ser diferente y ser único, sabiendo que cada persona es un complejo de deseos, pensamientos y sentimientos de amplia diversidad.

2. **Comprensión empática:** supone saber ponerse en el lugar del otro, no sólo captando el sentido objetivo sino también el subjetivo o personal.

3. **Congruencia**: el orientador ha de mostrarse congruente, sensato sincero y autentico.

4. **Respeto:** supone, por parte del orientador, reconocer en el otro la capacidad para elegir libremente y el derecho a que tome sus propias decisiones.

5. **Responsabilidad:** supone la capacidad de velar por la independencia del orientado, entendida como estímulo del orientador al orientado, para que éste último tome la actitud de dirigir su propia vida. El cliente debe aceptar la responsabilidad de sus actos y ha de ser ca-

paz de poner en ejercicio su voluntad, por encima de la multitud de vacilaciones y tendencias con las que pueda encontrarse.

Además de las competencias profesionales expuestas anteriormente, en el orientador, son importantes y necesarias un conjunto de habilidades específicas que facilitan la comunicación y que son las siguientes:

6. **Habilidades verbales centradas en el interlocutor:** saber hacer las preguntas adecuadas, parafrasear, resumir y sintetizar el mensaje del emisor.

7. **Habilidades verbales de influencia y dirección:** saber analizar, interpretar, compartir, confrontar, informar, resumir.

8. **Habilidades no verbales:** saber interpretar los gestos, las posturas, las poses, los cambios de entonación de voz, los silencios.

b. La variable orientado

El orientado es el protagonista que marca el ritmo y la trama de la situación; sus actitudes, habilidades, capacidades y conocimiento, expresan el nivel de funcionamiento personal y los distintos niveles de estructuración-desestructuración referidos a dos núcleos:

1. La inconsciencia propia sobre las emociones, sentimientos, miedos y deseos. Aquí la relación de ayuda pretende provocar la toma de conciencia, reestructurar la percepción de los mismos y facilitar el equilibrio racional emotivo. Esto requiere en el entrevistado la ca-

Sebastián Sánchez y Jordi Sánchez

pacidad de auto exploración y de auto descubrimiento de aquellos pensamientos y sentimientos que pueden ser la génesis que provoca la conducta que se quiere modificar.

2. La falta de entrenamiento en la toma de decisiones. Las personas deben tener costumbre en decidir y tomar sus propias decisiones personales. El orientado ha de saber canalizar los hechos y buscar soluciones para anticiparse a los acontecimientos y a las reacciones que surjan de éstos. Cuando el medio ambiente se percibe como hostil y amenazador y el sujeto no encuentra respuestas satisfactorias, se puede producir una respuesta de inhibición del pensamiento, donde la persona se paraliza y tiende a aislarse. En este caso, la acción del orientador va dirigida a ayudar al orientado, para que sea capaz de revisar su forma de ver el contexto, evaluar la nueva situación percibida, reconstruir los hechos o la experiencia a partir del resultado de la evaluación anterior y buscar, a partir de ahí, estrategias de acción que sirvan para tomar una decisión que ofrezca una respuesta óptima.

Desarrollo de la entrevista

El clásico esquema para la secuenciación de la entrevista es: **1) planteamiento, 2) exploración y 3) conclusión**; dichas fases se interrelacionan de tal forma que no es fácil determinar con precisión en cuál de ellas se está.

1) **Planteamiento o momento inicial:** en esta fase se formula los objetivos de la entrevista, se define la situación, se explicitan las expectativas, se estructuran las funciones, se recoge información. Es el momento de crear el clima de acogida y de trabajar la empatía.

2) Exploración o momento central: esta fase constituye el núcleo de la entrevista, se profundiza en los aspectos identificados en la fase anterior, se delimitan los más relevantes, se amplía el marco de referencia y si fuera necesario se esbozan soluciones.

3) Conclusión o momento final: en esta última fase se resume lo tratado, se aclaran las dificultades, si las hubiere, se plantean estrategias de acción y se toman decisiones.

La orientación como relación de ayuda tiene muchos seguidores y ha alcanzado grandes éxitos aplicada a sujetos inseguros, ansiosos, con un bajo auto concepto o con problemas de conducta; es una opción que el orientador no puede ignorar (Rogers, 1972).

Sin olvidar los puntos expresados en líneas anteriores, a continuación, exponemos una guía de preguntas que podrían ser el hilo conductor de la entrevista para la evaluación de la amaxofobia.

Estas preguntas deberían realizarse bajo un clima de distensión y en el transcurso de lo que pudiera interpretarse como una conversación informal. Lo que queremos decir es que, aunque existe una estructura formal y unos objetivos específicos (ver líneas anteriores), hay que evitar: ser demasiado rígidos, es decir, no hacer preguntas una detrás de otra, ya que puede dar la sensación, para el orientado, de que está siendo sometido a un interrogatorio, si así fuese la persona entrevistada puede vivir la situación como si de un examen se tratase y no como una relación de ayuda.

En las páginas siguientes, presentamos dos entrevistas diseñadas específicamente para la evaluación de la amaxofobia.

- La primera (Entrevista 1), está dirigida a personas que, aunque nunca han conducido tienen miedo a conducir.

La tipología típica de este cliente se concreta en el pre-conductor que va posponiendo, consciente o incons-cientemente, la obtención de su permiso de conducir porqué tiene miedo a enfrentarse a la conducción.

- La segunda (Entrevista 2), está diseñada para personas con experiencia previa en la conducción y que incluso han estado años conduciendo.

El resultado de ambos instrumentos nos ofrecerá la infor-mación necesaria para determinar nuestra línea base de ac-tuación y ajustar el tratamiento, tanto en la amaxofobia pri-maria, como en la secundaria.

Sebastián Sánchez y Jordi Sánchez

Entrevista 1. Evaluación de la amaxofobia primaria

(personas   sin experiencia previa en la conducción)

1. ¿Cuál es el motivo por el que deseas obtener el permiso de conducir?

2. ¿Cómo crees que será tu aprendizaje teórico?

3. ¿Cómo crees que será tu aprendizaje práctico?

4. Tras obtener el permiso de conducir ¿Crees qué tardarás mucho en empezar a conducir?

5. El vehículo lo utilizarás: ¿diariamente, los fines de semana, de mes en mes…?

6. ¿Sabrías decirme cuánto tiempo hace que tienes la sensación de tener miedo a conducir?

7. ¿El vehículo lo utilizarás por: cuestiones laborales, familiares, personales…?

8. El miedo que sientes a conducir… ¿crees qué lo sentirás tanto si vas sólo como si vas con alguien en el vehículo?

9. ¿Recuerdas si sucedió algún acontecimiento estresante en tu vida antes de la aparición del miedo a conducir?

10. Cuándo empezaste a tener sensación de miedo a conducir ¿qué hiciste para combatirlo?

11. ¿Qué síntomas físicos padeces cuándo empiezas a sentir que el miedo te invade?

12. ¿Le explicaste a alguien tu miedo a conducir?

13. ¿Recibiste ayuda de ese alguien?

14. ¿Por qué crees, que tienes miedo a conducir?

15. Cuándo decidiste obtener el permiso de conducir... ¿lo hiciste de forma gradual o fue radical?

16. ¿Crees qué has tomado una decisión correcta al decidirte por empezar a conducir?

17. ¿Cómo te sientes por haberte decidido a dar el paso para conducir?

18. ¿Por qué has decidido intentarlo ahora, cuál es el motivo?

19. ¿Crees qué ahora ha cambiado alguna cosa para que pienses que podrás conducir sin miedo?

20. ¿Cómo te gustaría sentirte cuándo estés conduciendo?

Entrevista 2. Evaluación de la amaxofobia secundaria

(personas con experiencia previa en la conducción)

1. ¿Recuerdas cuál fue el motivo que te llevó a obtener el permiso de conducir?

2. ¿Cómo fue tu aprendizaje teórico?

3. ¿Cómo fue tu aprendizaje práctico?

4. Tras obtener el permiso de conducir ¿Cuánto tiempo transcurrió hasta que empezaste a conducir?

5. El vehículo lo utilizabas: ¿diariamente, los fines de semana, de mes en mes...?

6. Antes de que te entrara miedo a conducir ¿Cuánto tiempo transcurrió?

7. Cuando conducías... ¿cuánto tiempo seguido lo hacías?

8. ¿El vehículo lo utilizabas por: cuestiones laborales, familiares, personales...?

9. Cuando conducías... la mayor parte del tiempo ¿lo hacías en compañía de alguien o sólo?

10. ¿Recuerdas si sucedió un acontecimiento estresante en tu vida antes de la aparición del miedo a conducir?

11. Cuándo empezaste a tener sensación de miedo a conducir ¿qué hiciste para combatirlo?

Sebastián Sánchez y Jordi Sánchez

12. ¿Qué síntomas físicos padeces cuando empiezas a sentir que el miedo te invade?

13. ¿Le has comentado a alguien tu miedo a conducir?

14. ¿Recibiste ayuda de ese alguien?

15. ¿Por qué crees, que abandonaste la conducción?

16. Cuando decidiste dejar la conducción... ¿lo hiciste de forma gradual o fue radical?

17. ¿Por qué crees que no volviste a intentar conducir de nuevo?

18. ¿Cómo te sientes por haberte decidido a no volver a conducir?

19. ¿Crees qué ahora ha cambiado alguna cosa para que pienses que podrás conducir sin miedo?

20. ¿Cómo te gustaría sentirte cuando estés conduciendo?

Uno de los instrumentos estrella para obtener información de forma rápida y precisa es el cuestionario. En nuestro caso os presentamos el *"Cuestionario de Evaluación del Miedo a Conducir"* (CEMIC). Este instrumento ha sido validado y fiabilizado con una muestra de 336 preconductores de los que 166 corresponden al género hombre y 170 a mujer. El análisis de la consistencia interna de la escala de amaxofobia primaria mediante el coeficiente *"alpha"* de Cronbach correspondió a un valor de 0,86 el cual resulta altamente satisfactorio (Sánchez 2011).

En nuestro caso el uso de este instrumento nos facilita y posibilita el categorizar el tipo de amaxofobia y de esta manera poder conocer si estamos ante un miedo a conducir clasificado como:

- **Nivel 1:** No hay muestras de amaxofobia. **Nivel Bajo**.

- **Nivel 2:** Amaxofobia de **Nivel Bajo-Medio**.

- **Nivel 3:** Amaxofobia de **Nivel Medio**.

- **Nivel 4:** Amaxofobia de **Nivel Medio-Alto**.

- **Nivel 5:** Amaxofobia de **Nivel Alto**.

A continuación, presentamos dos cuestionarios: el primero se ha elaborado para administrarlo a las personas que padezcan amaxofobia primaria, mientras que el segundo es específico para la amaxofobia secundaria.

1.2.2 Administración del CEMIC (1). Amaxofobia primaria

Cuestionario específico para la evaluación de la amaxofobia primaria CEMIC (1), a través de este instrumento podemos saber el grado de amaxofobia que padece la persona que lo contesta, además de conocer e interpretar los criterios de intervención.

Cuestionario Específico del Miedo Irracional a Conducir (CEMIC (1))

1. Creo que me pondré nervioso/a cuando tenga que conducir.

1	2	3	4
Nunca	Un poco	Bastante	Siempre

2. Creo que si pudiera elegir preferiré que conduzca otra persona.

1	2	3	4
Nunca	Un poco	Bastante	Siempre

3. Pienso que la conducción me relajará.

1	2	3	4
Siempre	Bastante	Un poco	Nunca

4. Creo que tendré habilidad para conducir.

1	2	3	4
Mucha	Bastante	Muy poca	Ninguna

5. Si pienso en conducir me produce tensión muscular o malestar.

1	2	3	4
Nunca	Un poco	Bastante	Siempre

6. Me da miedo pensar que cuando conduzca pueda provocar un accidente.

1	2	3	4
Nunca	Un poco	Bastante	Siempre

7. Cuando lleve pasajeros me obsesiona el hecho de que opinen que mi conducción sea insegura.

1	2	3	4
Nunca	Un poco	Bastante	Siempre

8. Pensar en ir a cierta velocidad me produce sensación de miedo o vértigo.

1	2	3	4
Nunca	Un poco	Bastante	Siempre

9. La obtención del permiso de conducir es más por obligación que por gusto.

1	2	3	4
Nada cierto	Un poco cierto	Bastante cierto	Totalmente Cierto

10. Creo que seré torpe conduciendo.

1	2	3	4
Nada cierto	Un poco cierto	Bastante cierto	Totalmente Cierto

11. Creo que el resto de conductores opinarán de mí que soy un estorbo.

1	2	3	4
Nunca	Un poco	Bastante	Siempre

12. Pensar en conducir me produce inseguridad.

1	2	3	4
Nunca	Un poco	Bastante	Siempre

13. Pienso que, aunque yo sea prudente los demás colisionaran conmigo.

1	2	3	4
Nunca	Un poco	Bastante	Siempre

14. Creo que cuando tenga que conducir me generará un estado de nervios.

1	2	3	4
Nunca	Un poco	Bastante	Siempre

15. Creo que cuando conduzca, tendré que parar muy a menudo para poder tranquilizarme.

1	2	3	4
Nunca	Un poco	Bastante	Siempre

Sebastián Sánchez y Jordi Sánchez

1.2.3 Administración del CEMIC (2). Amaxofobia secundaria

Cuestionario específico para la evaluación de la amaxofobia secundaria CEMIC (2), a través de este instrumento podemos saber el grado de amaxofobia que padece la persona que lo contesta, además de conocer e interpretar los criterios de intervención.

Cuestionario Específico del Miedo Irracional a Conducir (CEMIC (2))

1. Me pongo nervioso/a sí sé que he de conducir.

1	2	3	4
Nunca	Un poco	Bastante	Siempre

2. Si puedo elegir prefiero que conduzca otra persona.

1	2	3	4
Nunca	Un poco	Bastante	Siempre

3. La conducción me relaja.

1	2	3	4
Siempre	Bastante	Un poco	Nunca

4. Creo que tengo habilidad para conducir.

1	2	3	4
Mucha	Bastante	Muy poca	Ninguna

5. Si pienso en conducir me produce tensión muscular o malestar.

1	2	3	4
Nunca	Un poco	Bastante	Siempre

6. Me da miedo pensar que cuando conduzco puedo provocar un accidente.

1	2	3	4
Nunca	Un poco	Bastante	Siempre

7. Si llevo pasajeros me obsesiona el hecho de que opinen que mi conducción es insegura.

1	2	3	4
Nunca	Un poco	Bastante	Siempre

8. Ir a cierta velocidad me produce sensación de miedo o vértigo.

1	2	3	4
Nunca	Un poco	Bastante	Siempre

9. La obtención del permiso de conducir fue más por obligación que por gusto.

1	2	3	4
Nada cierto	Un poco cierto	Bastante cierto	Totalmente Cierto

10. Soy un peligro conduciendo.

1	2	3	4
Nada cierto	Un poco cierto	Bastante cierto	Totalmente Cierto

11. Creo que el resto de conductores opinan de mí que soy un estorbo.

1	2	3	4
Nunca	Un poco	Bastante	Siempre

12. Conducir me produce inseguridad.

1	2	3	4
Nunca	Un poco	Bastante	Siempre

13. Pienso que, aunque yo sea prudente los demás colisionaran conmigo.

1	2	3	4
Nunca	Un poco	Bastante	Siempre

14. Conducir me generará ansiedad o nervios.

1	2	3	4
Nunca	Un poco	Bastante	Siempre

15. Cuando conduzco, tengo que parar muy a menudo para poder tranquilizarme.

1	2	3	4
Nunca	Un poco	Bastante	Siempre

Sebastián Sánchez y Jordi Sánchez

HOJA DE RESPUESTAS CUESTIONARIO (CEMIC)

	1	2	3	4
1.	☐	☐	☐	☐
2.	☐	☐	☐	☐
3.	☐	☐	☐	☐
4.	☐	☐	☐	☐
5.	☐	☐	☐	☐
6.	☐	☐	☐	☐
7.	☐	☐	☐	☐
8.	☐	☐	☐	☐
9.	☐	☐	☐	☐
10	☐	☐	☐	☐
11	☐	☐	☐	☐
12	☐	☐	☐	☐
13	☐	☐	☐	☐
14	☐	☐	☐	☐
15	☐	☐	☐	☐

Total:

Sebastián Sánchez y Jordi Sánchez

Tabulación del CEMIC, ejemplo:

HOJA DE RESPUESTAS CUESTIONARIO (CEMIC)

	1	2	3	4
1.	x	☐	☐	☐
2.	☐	x	☐	☐
3.	☐	x	☐	☐
4.	x	☐	☐	☐
5.	☐	☐	x	☐
6.	☐	☐	☐	x
7.	☐	☐	x	☐
8.	x	☐	☐	☐
9.	x	☐	☐	☐
10	☐	☐	☐	x
11	☐	x	☐	☐
12	☐	x	☐	☐
13	☐	☐	☐	x
14	☐	☐	x	☐
15	☐	x	☐	☐

4 + 10 + 9 + 12

Total: 35

Las cruces marcadas en la columna del 1 su valor es igual a 1 (ejemplo 4 cruces = 4 puntos)

Las cruces marcadas en la columna del 2 su valor es igual a 2 (ejemplo 5 cruces = 10 puntos)

Las cruces marcadas en la columna del 3 su valor es igual a 3 (ejemplo 3 cruces = 9 puntos)

Las cruces marcadas en la columna del 4 su valor es igual a 4 (ejemplo 3 cruces = 12 puntos)

Sebastián Sánchez y Jordi Sánchez

1.2.4 Interpretación y criterios de intervención del CEMIC (1 y 2)

La puntuación directa del CEMIC, sirve para indicarnos el grado de amaxofobia que padece el preconductor o conductor y enfocar las estrategias de ayuda en función del nivel de amaxofobia.

Nivel 1: Nivel Bajo. Predominio de 1 (suma de puntuación entre 15 y 25). No hay muestras de amaxofobia.

Nivel 2: Amaxofobia de nivel Bajo-Medio. Predominio de 1 y 2 (suma de puntuación total entre 26 y 35): Síntomas que van del máximo del nivel Bajo al extremo mínimo del nivel Medio.

Nivel 3: Amaxofobia de nivel Medio. Predominio de 2 y 3 (suma de puntuación total entre 36 y 39): Síntomas que van del máximo del nivel Bajo-Medio (puntuación próxima al 36) al extremo mínimo del nivel Medio-Alto (puntuación próxima al 39).

Nivel 4: Amaxofobia de nivel Medio-Alto. Predominio de 3 y 4 (suma de puntuación total entre 40 y 49): Síntomas que van del máximo del nivel medio (puntuación próxima al 40) al extremo mínimo del nivel alto (puntuación próxima al 49).

Nivel 5: Nivel Alto. Predominio de 4 (suma de puntuación total entre 50 y 60): Síntomas que demuestran un nivel alto de amaxofobia. El nivel más severo se muestra cuanto más se aproxime la puntuación al 60.

Capítulo 2

2.   Contenidos de información

2.1 Enfoques teóricos para el tratamiento de la amaxofobia

La evaluación y tratamiento de una fobia puede ser diferente según los enfoques y corrientes psicológicas con la que se afronte. Sun Tzu (722-481 a C) decía que el primer paso para vencer a nuestro enemigo es conocerlo a fondo, pero definir cómo se origina una fobia no es tarea fácil y en ocasiones existen diferentes explicaciones por parte de las distintas escuelas o corrientes psicológicas: para el psicoanálisis las fobias son el producto de traumas ocurridos durante la infancia; para el conductismo las fobias se crean por ambientes amenazantes o desprotegidos; para la perspectiva cognitivo-conductual las fobias son el resultado de creencias y pensamientos irracionales o poco lógicos que generan sentimientos de distrés, inseguridad y ansiedad; desde la Programación Neuro Lingüística (PNL), una fobia es producto de un programa de conducta inadaptado como consecuencia de una percepción desajustada de la realidad (filtro), que establece un patrón de respuesta inadecuado, por lo que la intervención se basará en cambiar ese programa y la forma de percibir la realidad que nos envuelve.

En cualquier caso las fobias no tienen un único componente causal, ni se forman con un patrón idéntico para todas las personas, intervienen un conjunto de factores como son: la personalidad; las vivencias particulares de la persona; del color del cristal con el que miramos las cosas (cada persona tiene un filtro particular para percibir las cosas); los recursos que posee para hacer frente a las dificultades; y el estado anímico que presenta en el momento de enfrentarse a un estímulo estresante. En este sentido J. P. Sartre argumentaba que *El hombre es el resultado de sus experiencias existenciales y en el mundo no existen dos hombres que hayan vivido las mismas experiencias*. Si bien, es aconsejable indagar el "por qué" es más importante conocer "el cómo" para poder restituir el funcionamiento normal de la persona.

2.1.1 El miedo racional "versus" irracional

El miedo es una emoción primaria y a pesar de lo molesto que pueda parecer, forma parte de nuestro sistema de supervivencia, es tan antiguo como la vida y su función es preservar nuestra integridad física. Tenemos que diferenciar el miedo de la ansiedad, a menudo son dos términos que se confunden o se utilizan de forma análoga.

El miedo es la emoción que surge ante un peligro y la ansiedad es la respuesta de nuestro organismo ante ese peligro, se manifiesta a nivel cognitivo (pensamientos e imágenes), a nivel fisiológico y a nivel conductual. La función de este binomio miedo-ansiedad es poner en marcha un mecanismo que nos haga salir ilesos de las situaciones amenazantes. Ante una amenaza todo nuestro organismo se prepara para ofrecer dos posibles respuestas: la lucha o la huida. En cualquier caso, nuestros músculos se tensan y reciben más glucosa, aumenta nuestra atención, nuestro corazón bombea con más fuerza para abastecer de sangre los órganos vitales y el cerebro (necesitamos pensar deprisa), hiperventilamos para proveer de oxígeno a las células, las pupilas se dilatan para poder ampliar nuestro ángulo de visión y pasamos a un estado de alerta que va de leve a alerta máxima dependiendo de nuestra percepción del grado de peligro.

El miedo racional es innato, forma parte de nuestra herencia filogenética y es necesario para preservar la especie. Si ponemos a un niño pequeño a gatear encima de una mesa, la recorrerá en todas direcciones y al llegar al borde se percatará del peligro y tomará otra dirección. Si vamos un día paseando por el campo y de pronto nos damos cuenta de que estamos dentro de un cercado donde hay toros bravos y uno de ellos nos mira, escarba en el suelo con una de sus patas, e inmediatamente inicia una carrera hacia nosotros, sin duda el miedo no nos dejará impasibles, se disparará un estado de alerta, que hará que reaccionemos poniendo en marcha el mecanismo de ansiedad adecuado para salir a toda prisa de la accesibilidad del miura.

Del mismo modo en la ciudad estamos rodeados de peligros, el tráfico y la circulación pueden constituir un gran riesgo por la posibilidad de sufrir un accidente; hay estímulos visuales como un Stop o auditivos como el "Claxon" de un vehículo que nos hacen activar la alerta mencionada. Si por ejemplo nos disponemos a cruzar a pie una calle y en ese momento oímos el sonido sostenido de un "Claxon", de forma instintiva nos asalta la emoción de miedo, se activa la alerta y la ansiedad para poder afinar nuestros sentidos, reaccionaremos dirigiendo la atención hacia el estímulo para responder de forma rápida dando un salto y apartándonos del peligro.

A medida que la humanidad ha ido evolucionando, los peligros y en consecuencia los miedos han ido cambiando. Si bien en un principio los miedos surgían sobre todo ante peligros reales como podría ser "el miedo a ser devorado por un animal", debido a lo precariedad e inseguridad en el medio hostil donde se llevaba a cabo la vida cotidiana. Actualmente la evolución de la sociedad nos ha preservado de ese tipo de peligros, pero ha surgido un miedo aún mayor, si cabe, que es el miedo a perder esa seguridad... Demasiados cambios, todo pasa demasiado deprisa. Estos cambios incesantes y fulminantes nos provocan inseguridad en nuestras relaciones sociales y nos produce miedo a no ser competentes en el mundo laboral, familiar y personal y al final nos hacen padecer "el miedo al propio miedo". De este temor al propio miedo surgen los miedos irracionales.

Los miedos irracionales se caracterizan por una percepción distorsionada de la amenaza, o bien imaginamos un peligro que no tiene ninguna base o bien magnificamos las consecuencias de exponernos a alguna situación, persona, animal o cosa. Se trataría de un miedo que no está justificado por ninguna experiencia o conocimiento previo, sino por nuestra anticipación y elaboración mental de consecuencias negativas al exponernos al estímulo fóbico.

Si manifestamos miedo ante la presencia de un tigre, diríamos que es un miedo racional, es posible que hayamos tenido una experiencia previa real en un viaje a la India, donde nuestra vida corriera peligro o que hayamos visto un documental, leído o escuchado que el tigre es un depredador que ataca a las personas; pero si el miedo se desencadena ante una paloma, casi podríamos asegurar que es un miedo irracional, ya que es muy poco probable que alguien haya sido atacado por una paloma y la literatura muestra a estos animales como inofensivos y pacíficos, siendo el símbolo de la paz a nivel mundial. La ansiedad se nutre en gran medida de nuestra anticipación de los resultados al enfrentarnos a lo que tememos, en las fobias se produce un bucle cerrado de evitación y miedo, que hace que al no enfrentarnos al estímulo fóbico no podamos salir de ese círculo y el miedo vaya aumentando hasta tal punto que afecte al desempeño normal de nuestra vida.

2.1.2 *Cognición: razón versus emoción*

Los seres humanos tenemos la facultad de darle sentido a lo que nos rodea, a interpretar y darle significado a los acontecimientos que nos envuelven a través de la cognición, ésta la podríamos definir como el procesamiento de la información, a partir de la percepción que proviene de nuestros sentidos, y su posterior elaboración al entrar en contacto con nuestras creencias, valores, expectativas, conocimientos almacenados en nuestra memoria y aprendizajes acumulados a través de la experiencia. Teniendo en cuenta lo expresado en líneas superiores se podría decir que la razón es la capacidad de pensar, de tomar decisiones, de optar entre respuestas que nos satisfagan en la resolución de problemas. Siendo así...

- ¿Por qué en muchas ocasiones sabiendo que debemos optar por "A" elegimos "B"?

- ¿Por qué actuamos de manera que sabemos que no es lo que deberíamos hacer y sin embargo lo hacemos?

2.1.2.1 La respuesta está en las emociones

Una emoción es una reacción involuntaria ante un hecho que afecta nuestras expectativas y planes. Cuando esa reacción se produce ante un estímulo cuya intensidad afecta a nuestro sistema de protección, sin que medie ningún significado afectivo, estamos hablando de un reflejo, por ejemplo, cuando apartamos la mano de una estufa al notar que nos estamos quemando o cuando damos una respuesta racional consciente, como podría ser decir que dos más dos son cuatro. Para hacer esta distinción tenemos que basarnos en dos condiciones:

- La primera condición es que esta reacción, en un primer momento, sea automática y universal, es decir, que surja sin pensar y sea entendible por cualquier ser humano. Así la reacción de apretar con fuerza el volante y pisar el freno, al salirse en una curva por exceso de velocidad, es una reacción provocada por la emoción de miedo a hacernos daño o a perder la vida.

- La segunda condición es que la emoción por si misma sea reconocible a través del lenguaje no verbal y de la sensación interna que despierta al alterar nuestro estado. Dicen que la cara es el espejo del alma, y es porque es muy difícil que las emociones no se reflejen en nuestra expresión corporal, sobre todo en nuestras facciones. Eso lo saben muy bien los mimos, no hace falta que digan una palabra para que sepamos si están tristes, alegres, enfadados, aterrados o simplemente sorprendidos.

Según Torrebadella (1997). Nuestro gran repertorio emocional se explica por la existencia de una serie de emociones básicas (alegría, afecto, ira, miedo y tristeza) que se combinan entre sí, generando emociones complejas que dan lugar a los sentimientos (ejemplo: ira + miedo = odio; afecto + alegría = ternura).

Es raro que un objeto, persona o situación nos genere una sola emoción, salvo que se trate de una situación muy extrema. Por otro lado, hay eventos que, por su propia naturaleza, como una sorpresa agradable, generan varias emociones a la vez. Ello nos permite una vida emotiva muy rica y compleja que explica el porqué del valor que le otorgamos al arte, la literatura, la música, la poesía...

Durante muchos años las emociones se han estudiado como una entidad separada de nuestro comportamiento, como algo irracional y primario que respondía a los instintos. Actualmente se ha podido constatar que las emociones están estrechamente relacionadas con los procesos de aprendizaje y que conjuntamente con la razón interactúan en la construcción de la realidad subjetiva de cada persona. Cuando la razón y las emociones van en la misma dirección se obtiene congruencia psicológica, bienestar y satisfacción, cuando entre razón y emoción hay discrepancia se produce un conflicto interno de difícil solución si no se reconduce la una hacia la otra (Festinger, 1957). Si la razón nos dice que debemos coger el vehículo para poder desplazarnos y atender nuestros compromisos o disfrutar de nuestro tiempo libre y al mismo tiempo nos invade una emoción de miedo con sólo pensar en ponernos al volante, nos encontramos ante una disonancia cognitiva o lo que es igual, hagamos lo que hagamos nos sentiremos insatisfechos si antes no logramos que pensamiento y emoción converjan hacia un propósito común. Si nos sentamos al volante nos invadirá el miedo e indefectiblemente se pondrá en marcha el mecanismo de ansiedad y si evitamos el miedo, no exponiéndonos a la situación, lapidamos nuestra capacidad de ser libres en la toma de decisiones. Paradójicamente el miedo dominará nuestras decisiones y nos sentiremos atrapados por él.

El esfuerzo para que emociones y pensamientos trabajen en la misma dirección será proporcional a las consecuencias que obtendremos para el desempeño normal de nuestra vida. El nivel de esfuerzo para vencer los miedos no será el mismo en una persona que no necesita coger el vehículo diariamente, pues si reside, por ejemplo, en una gran ciudad donde existe una excelente combinación de transporte público y si además su pareja dispone de vehículo; que una persona que dependa exclusivamente de sí misma y que viva en las afueras y por lo tanto necesite de forma diaria el vehículo privado para ir a trabajar.

Decidir significa escoger por ti mismo entre diferentes alternativas. Supongamos que tienes que elegir entre irte de vacaciones con tu pareja a las Maldivas o realizar un curso de especialización de tu trabajo y sólo tienes esa oportunidad para realizarlo. La decisión de irte de viaje supone: buscar vuelo, hotel, pedir días libres en el trabajo, avisar a la familia. La decisión de hacer el curso exige: dedicación, esfuerzo, tiempo y dejar de hacer otras cosas. Sin embargo, ninguna de estas decisiones es puramente racional, cada una de ellas implica una reacción emocional que actúa como moduladora del coste-beneficio y de los procesos de satisfacción–insatisfacción. El viaje a las Maldivas te costará dinero, pero te proporcionará diversión y placer; el curso te costará esfuerzo y tiempo, pero te dará la oportunidad de subir de categoría y ganar un sueldo mayor. Estas sensaciones modularan la motivación para que la decisión sea una u otra.

Toda esta toma de decisiones no habría sido posible sin las emociones que nos permiten asignar sensaciones, y por lo tanto grados de motivación, a cada posible línea de acción.

Llegados a este punto las preguntas que nos pueden surgir son: ¿el miedo surge de la anticipación negativa que hacemos de los acontecimientos? o ¿es el miedo el que nos hace evaluar los acontecimientos como negativos?

Creemos que es un círculo vicioso que se retroalimenta el uno del otro. Sin duda alguna, para poder manejar una fobia, y en este caso la amaxofobia, no podemos olvidarnos de las emociones.

2.1.2.2 *Control de las preocupaciones y los pensamientos en la amaxofobia*

¿Sabías qué cada día tenemos alrededor de 60.000 pensamientos? Y ¿qué aproximadamente el 80% de estos pensamientos son los mismos que los del día anterior? Indudablemente estamos continuamente pensando, nuestro cerebro no descansa, incluso en ocasiones no somos conscientes de nuestro pensamiento, eso se debe a que no le prestamos la suficiente atención, lo difícil es no pensar en nada, parece como si siempre tuviéramos que tener algo en la mente que nos debiera preocupar. También es cierto que si nos esforzamos podemos conseguir observar nuestro pensamiento, reflexionar sobre él e intentar modificarlo al objeto de que nos produzca bienestar. Marco Aurelio (121-180) decía que *"La felicidad de tu vida depende de la calidad de tus pensamientos"*. En esta línea Buda (563-486 a C) nos advertía de que *"Tu peor enemigo no puede dañarte tanto como tus propios pensamientos"*. Y William Shakespeare (1564-1616), sabiamente alegaba que *"No existe nada bueno ni malo; es el pensamiento humano el que lo hace aparecer así"*.

Estamos continuamente interpretando la realidad, para ello nos basamos en nuestras experiencias pasadas, en las motivaciones del presente y en las expectativas futuras. Creamos unos filtros o esquemas con los que valoramos y damos significado a los acontecimientos que nos rodean y nos atañen. Como dijo Epicteto (55-135) *"No son las cosas que pasan las que nos perturban, sino la opinión que tenemos de ellas"*. Los pensamientos determinan nuestras emociones, las emociones constituyen la base de nuestras acciones y las acciones determinan nuestra conducta, la cual con la repetición puede llegar a convertirse en un hábito. Si cuando tengo que enfrentarme a la situación de conducir, mis pensamientos giran en torno a mis debilidades, a quedarme bloqueado y a no acordarme de nada, a hacer el ridículo, a no estar a la altura de las circunstancias, me invadirá una emoción de miedo, de inferioridad y posiblemente se cumpla mi profecía... me quedaré bloqueado, o estaré muy agitado, me ruborizaré, se me secará la garganta y sentiré una intensa ansiedad; y lo peor es que mi miedo, al retroalimentarse, la próxima vez será aun peor... el miedo habrá crecido.

Si nuestras preocupaciones, emociones y conducta son fruto de nuestra estructuración del pensamiento y de su contenido, para poder conseguir la estabilidad y bienestar debemos de empezar a cambiar nuestros pensamientos (Ellis y Grieger 2003).

2.1.3 El modelo racional-emotivo (MRE)

Este modelo se basa directamente en la hipótesis de que los trastornos, entre los que se encuentran las fobias, surgen del pensamiento poco racional, no lógico o poco real. Este enfoque argumenta que en el funcionamiento humano existen tres aspectos psicológicos principales: pensamientos, sentimientos y conductas. Estos tres componentes están interrelacionados, de modo que los cambios en uno producen cambios en otro. Si las personas cambian el modo en que piensan acerca de las cosas, entonces podrán modificar su estado emocional, sentirán de modo diferente y se comportarán de diferente manera.

Por ejemplo, si después de un fracaso en una tarea, piensas: *"Soy un inútil que no hace nada bien; no vale la pena ni intentarlo"*; tus emociones y tu conducta serán muy diferentes que si piensas: *"Bueno, no he obtenido los resultados que esperaba, pero eso no me convierte en un inútil, sólo se demuestra que soy un ser humano que comete errores, como todos los demás; veré lo que puedo aprender de esta experiencia para tenerlo en cuenta en la próxima ocasión"*. En el primer caso, no es de extrañar que aparezcan sentimientos de depresión y que tu comportamiento sea de abandono, mientras que, en el segundo puedes sentir preocupación o cierto desánimo, pero estos sentimientos no serán lo bastante intensos e incapacitantes como para impedirte solucionar el problema, seguir adelante y aprender cómo hacerlo mejor para la próxima vez.

Los seis principios del Modelo Racional Emotivo (MRE):

1. **El pensamiento es el principal determinante de las emociones humanas:** Los acontecimientos o las demás personas, aunque pueden contribuir, no nos hacen sentir mal o bien, sino que lo hacemos nosotros mismos en función de cómo interpretamos los acontecimientos y las cosas que pasan por nuestra mente.

2. **El pensamiento disfuncional es la principal causa del malestar emocional:** Por ejemplo: si al ir una mañana al trabajo, te encuentras con que tu coche tiene una rueda pinchada, depende de ti sentirte furioso (pensando lo injusta que es la vida contigo, la mala suerte que tienes...) o ansioso (pensando que vas a llegar tarde, que tu jefe se enfadará, que pensará en despedirte...), o simplemente contrariado (pensando *"qué se le va a hacer, tendré que cambiar la rueda y afrontar la consecuencias lo mejor que pueda"*). De la misma manera, si, ante la existencia de cualquier problema emocional, como ansiedad, amaxofobia, problemas de pareja, etc., analizamos lo que pasa por la mente de esa persona en cada momento, veremos como lo que se dice a sí misma está provocando que se sienta de un modo u otro y es lo que está alimentando y manteniendo su malestar.

3. **Sentimos en función de lo que pensamos:** para acabar con un problema emocional, tenemos que empezar haciendo un análisis de nuestros pensamientos. Si el malestar es producto del pensamiento irracional, lo mejor que podemos hacer es cambiar ese pensamiento. De hecho, es lo único que podemos cambiar, ya que no podemos cambiar directamente las emociones ni dejar de sentirnos mal sólo porque lo deseemos.

4. **Múltiples factores, tanto genéticos como las influencias ambientales (educación, religión, etc.), se encuentran en el origen del pensamiento irracional:** De hecho, los seres humanos, parecen tener una tendencia natural hacia el pensamiento irracional (ilógico y no constructivo), donde la cultura en que vivimos moldea el contenido específico de esas creencias.

5. **A pesar de la existencia de influencias del pasado el modelo racional emotivo enfatiza en las influencias presentes:** ya que éstas son las responsables de que el malestar haya continuado a través del tiempo, a pesar de que las influencias pasadas hayan dejado de existir. La causa principal del malestar emocional no tiene que ver con el modo en que fueron ad-

quiridas esas creencias o modos de interpretar la realidad, sino con el hecho de seguir manteniéndolas en el presente. Así, si una persona evalúa su modo de pensar y lo cambia en el presente, su funcionamiento y sentimientos serán muy diferentes. Es decir, no es imprescindible -aunque puede ayudar- ir al origen; tampoco hace falta descubrir qué sucedió en el pasado, pues podemos trabajar directamente en el momento presente.

6. Aunque las creencias se puedan cambiar, ese cambio no va a suceder necesariamente con facilidad: Las creencias irracionales se cambian mediante un esfuerzo activo y persistente para reconocerlas, debatirlas y modificarlas, lo cual constituye la tarea y la intervención racional emotiva.

Un ejemplo:

Supongamos que vas conduciendo tu vehículo tranquilamente y un turismo te adelanta y al hacerlo toca el "claxon", no sabes en principio por qué lo ha hecho, pero llegas a la conclusión subjetiva de que el sonido de la bocina iba dirigido a ti. Puedes incluso interpretar que ha sido porque has realizado alguna maniobra que no debías. En realidad, estamos haciendo inferencias que perfectamente pueden ser incorrectas. Tal vez la realidad es tan simple como que ha utilizado las advertencias acústicas con la intención de saludar a algún conocido, pero nuestra particular percepción, nuestra inferencia, nos ha provocado un sentimiento de malestar emocional.

Sin embargo, las verdaderas creencias irracionales consisten en la evaluación que hacemos de esas inferencias. Por ejemplo, si piensas: *"Ha tocado el claxon porque soy un mal conductor"*, te producirá un sentimiento diferente al que sentirías si piensas *"Ha tocado el claxon para avisarme de su intención de adelantar y contribuir con ello a la seguridad de la circulación"*. El trabajo principal de la intervención racional emotiva es llegar hasta esos pensamientos e inferencias evaluativas, que constituyen el corazón de las creencias irracionales y del posterior malestar emocional.

2.1.3.1   Emociones negativas adecuadas e inadecuadas

Las sentimientos y emociones negativas inadecuadas se definen como aquellas que hacen que las condiciones adversas y las frustraciones empeoren e impidan resolver el problema o la causa del malestar. Entre ellas se encuentran, la ansiedad, la depresión, la ira, la culpa, la vergüenza y el dolor emocional. Como hemos visto, son causadas por pensamientos o creencias irracionales.

Las emociones y sentimientos negativos adecuados son aquellos que tienden a darse cuando los deseos y preferencias humanas se ven bloqueadas y frustradas, y ayudan a las personas a minimizar o eliminar el problema. Es decir, nos ponen en marcha para solucionarlo. Entre ellos se encuentran el miedo, la preocupación, la tristeza, el enfado, el remordimiento, el pudor y la decepción.

El modelo racional emotivo ayuda a las personas a sustituir sus emociones negativas inadecuadas por emociones negativas adecua-das, de modo que, ante una situación conflictiva, en vez de sentir una ansiedad paralizante, por ejemplo, puedas sentir solamente una preocupación que te lleve a resolver el problema.

2.1.3.2   Emociones positivas adecuadas e inadecuadas

Las emociones y sentimientos positivos también pueden ser inadecuados. Por ejemplo, el sentimiento de grandiosidad o superioridad es una emoción positiva porque hace que una persona se sienta bien. Sin embargo, se basa en una percepción irreal de uno mismo y a la larga provocará rechazo y problemas en las relaciones con los demás.

Los sentimientos y emociones positivas adecuadas son el resultado de la satisfacción de los deseos, metas e ideales humanos. Incluyen el amor, la alegría, el placer, la curiosidad, la felicidad.

Los síntomas secundarios: Las personas, cuando sienten y actúan, tienen a la vez determinados pensamientos sobre sus sentimientos y conductas y estos pensamientos les llevan a tener otros sentimientos y otras conductas. Así, por ejemplo, una persona que se siente triste por la pérdida de algo valioso, se da cuenta de eso y valora ese sentimiento de alguna manera.

Cuando las personas se sienten emocionalmente mal, a veces perciben sus síntomas de una manera **tremendista y absolutista**, pensando cosas como: *"Es **terrible** que esté deprimido; soy **débil e inútil** por sentirme así, **no puedo soportarlo**"*. Así desarrollan un síntoma secundario, como depresión por estar deprimidos o por sentirse ansiosos. De este modo, una persona con fobia a conducir puede sentir ansiedad tan sólo por el hecho de pensar en un vehículo o pensar que tendrá que conducirlo para ir al trabajo. Esto se deriva del hecho de creer que sentir ansiedad es algo **terrible** que no debería sucederle. Por lo tanto, si tiene que subir a un tren, podría preguntarse si también en esa situación sentirá ansiedad. Este miedo a la ansiedad provocará mayor ansiedad, llegará al tren sintiéndose ansiosa y acabará teniendo también fobia a los trenes sin tan siquiera darse cuenta del proceso que la ha llevado a esa situación. Por consiguiente, puede acabar sumando la ansiedad cada vez en un mayor número de situaciones. De este modo, estos síntomas secundarios pueden llegar a ser más graves e incapacitantes que los primarios.

2.1.3.3   La intervención

La ayuda desde el modelo racional emotivo consiste en reemplazar los pensamientos y creencias inapropiadas por creencias adaptativas y racionales. El método principal es conocido como **debate de pensamiento** y es, básicamente, una adaptación del método científico a la vida cotidiana. Es decir, si nuestros pensamientos son los principales responsables de nuestras emociones negativas e inadecuadas, podemos sentirnos mejor si aprendemos a pensar por medio de un método científico según el cual dichas creencias podrían ser consideradas como hipótesis, por lo que su validez o invalidez se ha de determinar antes de ser aceptadas o rechazadas. Los pasos a seguir son los siguientes:

1. Descubrir las creencias que están en la base de los problemas y ver claramente que son ilógicas, no realistas, y que son la causa de nuestro malestar.

2. Aprender a debatir esas creencias y demostrarse a sí mismo cómo y por qué no están claras.

3. Discriminar las creencias irracionales y no constructivas de las racionales y constructivas, mostrando cómo estas últimas conducen a mejores resultados. Cambiar las creencias irracionales por creencias racionales.

4. Para cada una de estas creencias se ha de buscar el por qué son poco racionales. Por ejemplo: la creencia de que un individuo debe tener amor y aceptación universal, es irracional porque es arbitraria y porque, invariablemente, producirá malestar, frustración y desengaño, ya que es imposible caerle bien a todo el mundo y que todos te quieran; siempre habrá alguien a quien le caes mal. De modo similar, es irracional definir nuestro mérito como seres humanos por acciones u obras, ya que la valía humana es incalculable. Por lo tanto, es lógicamente imposible que cualquiera de nuestras acciones disminuya la estima humana. De hecho, los seres humanos tienen valor simplemente por el hecho de estar vivos, de modo que la valía humana no puede medirse por el esfuerzo.

Otra característica importante de estas creencias es que están basadas en imposiciones del tipo **"SE DEBE"**, **"HAY QUE"**, **"SE DEBERÍA"**. Un principio básico del modelo racional emotivo es que tales impositivos moralistas como (**"deberías** comportarte de esta manera", "**debo** ser una persona agradable en cualquier circunstancia", etc.), crean distorsiones cognitivas que conducen a un conflicto y a un malestar psicológico.

Los pensamientos son la base de nuestras emociones y éstas, como la alegría, la tristeza, la ira, la desesperanza... son el motor de nuestra conducta. Todos los pensamientos pasan por nuestro filtro intrínseco y particular, no existiendo en el mundo dos filtros iguales. Si esto es así:

- Lo primero que debemos hacer es reflexionar sobre los pensamientos que genera nuestro filtro, y cómo estos pensamientos provocan a su vez las emociones que actúan como guías de nuestra conducta.

- Una vez detectados los pensamientos que nos causan malestar debemos actuar para modificarlos y a la vez analizarlos para buscar las creencias, actitudes y expectativas que los generan (el filtro).

- El tercer paso es rebatir ese pensamiento, cuestionarnos la validez de ese pensamiento, la funcionalidad y la fiabilidad.

- El cuarto paso es meditar sobre las consecuencias que nos ha ocasionado el pensamiento que estamos analizando.

- El quinto es buscar un pensamiento más adaptativo, que nos haga sentir mejor, que nos genere una emoción positiva o nos reduzca la intensidad de la emoción negativa.

- El sexto y último consiste en recrear cual hubiera sido la consecuencia de haber optado por este pensamiento más adaptativo o esta respuesta más racional.

Durante nuestra vida hemos aprendido a interpretar las situaciones en función del filtro que hemos ido creando, este filtro podemos modificarlo y reaprender a interpretar las situaciones. El primer paso es proponerse el cambio y el segundo seguir un método.

Identificadas las creencias irracionales, el método del MRE consta de una serie estructurada de etapas de análisis e intervención conductual cognitiva.

Este proceso se estructura en el paradigma del **A-B-C-D-E**:

A- **Experiencia activadora:** Buscar la aparente causa que ha provocado el empezar a sentir malestar, a encontrarse mal.

B- **Creencia:** Buscar que pensamientos y auto verbalizaciones están pasando por nuestra mente después de que se haya producido A (la experiencia activadora).

C- **Consecuencias: Que emociones, sentimientos y conductas, están sucediendo como causa de B.**

D- **Debate:** Trasformar las creencias irracionales en ideas más lógicas y racionales, más reales implicando debates y retos lógicos.

E- **Resultado:** Cómo se encuentra la persona después de haber confrontado apropiadamente las creencias irracionales (C) con las racionales (D).

Para comprobar hasta qué punto se ha reducido el malestar y la ansiedad, es conveniente que se puntúe del uno al diez cómo se siente en **A** en el momento de la experiencia activadora y vuelva a anotar una puntuación después de **E** el resultado. Para ello se puede utilizar una tabla de registro. Contra más registros se elaboren más datos tendremos para descubrir las creencias irracionales y poderlas modificar.

Un ejemplo de lo anteriormente expuesto podría ser el siguiente: Imaginemos que Luís, esta tarde a las cinco, tiene su primera práctica de conducción, cuando se dirige hacia el lugar donde ha quedado con su profesor, empieza a sentir malestar, tensión muscular, sudor intenso y está aterrado, veamos según la teoría conductual-cognitiva y más concretamente desde el Modelo Racional Emotivo (MRE) que ha sucedido:

A- **Experiencia activadora**: Luís se dirige al lugar donde realizará su primera práctica de conducir.

B- **Creencia:** o pensamientos poco lógicos que pasan por la mente de Luís: *"Seguro que lo haré fatal"*, *"El profesor creerá que soy un inútil"*, *"Esto sólo me pasa a mí"*.

Estos pensamientos poco realistas dan paso a la fase:

C- **Consecuencias:** Las emociones y sentimientos que siente Luís son producto de los pensamientos de la fase **B**. Con esos pensamientos no cabe más que esperar que tenga miedo a enfrentarse con la situación.

D- **Debate:** En esta fase se busca cambiar los pensamientos y creencias de la fase **B** por otros más realistas y lógicos. Por ejemplo: pensar que *"El profesor creerá que soy un inútil"*, es un pensamiento poco racional ya que está dando por sentado que, por el mero hecho de no conducir bien un vehículo, una persona puede ser catalogada de inútil. El pensamiento de *"Seguro que lo haré fatal"*, no tiene una base sólida, ya que nadie puede saber con certeza cómo llevará a cabo una tarea que nunca antes ha realizado. Y en cuanto a la idea de que *"Esto sólo me pasa a mí"*, basta con preguntar a las personas de su entorno inmediato cómo se sintieron cuando iban hacia su primera práctica de conducir, comprobaríamos que son muchas las personas que han pasado por esta experiencia con evidentes síntomas de ansiedad, sólo que han percibido su ansiedad como normal y asociada a la situación novedosa.

Después de rebatir esas ideas hay que cambiarlas por otras más constructivas, más positivas y lógicas, como, por ejemplo:

- *¿Qué tengo que perder si lo intento?*

- *Hago cosas más complicadas, ¿por qué tengo que pensar que no se me dará bien cuando no lo he comprobado?*

- *De cualquier forma, estoy aquí para aprender y seguro que el profesor no espera que lo haga todo bien.*

- *Ya que he venido aprovecharé la clase para poner a prueba lo que pienso, ¿quizás me lleve una grata sorpresa?*

E- El resultado: comprobar cómo después de haber ejercitado la fase **D**, nuestro estado ya no es el de ansiedad o miedo intenso, sino el de una pequeña preocupación por llegar a hacer las cosas bien y aunque no salgan al 100% como uno desearía, no por eso se acaba el mundo o es catastrófico o terrorífico, al contrario, no pasa nada. De ahí la idea de que sólo nos afecta lo que queremos que nos afecte.

A través de estos registros, la persona pone a prueba sus creencias irracionales, las identifica, las debate y las modifica, el hecho de hacerlo por escrito facilita su análisis y la detección de patrones de pensamientos que se repiten como pautas fijas que dan lugar al malestar y a emociones negativas como el miedo y la consecuente respuesta de ansiedad.

2.1.4 *La Programación Neuro Lingüística (PNL)*

Permitidnos que os contemos la historia de un maestro japonés a quien visitó un profesor universitario de mucho prestigio que deseaba recabar información sobre la filosofía Zen.

- *El profesor le expuso, al maestro Zen, lo mucho que conocía al ser humano y los artículos que había escrito al respecto.*

- *El maestro Zen sirvió té al visitante, y siguió vertiendo aún después de que la taza estuvo llena y rebosando.*

- *El profesor observaba que se derramaba el té y con cierta consternación señaló al maestro Zen que la taza estaba llena y que no cabía más en ella.*

- *El maestro Zen replicó que al igual que la taza, el profesor estaba repleto de sus propias opiniones y especulaciones y que antes de aprender Zen debía vaciar su taza.*

¿Nos preguntamos si podréis vaciar vuestra taza? y llenarla con el **Cómo** de la comunicación más que con el **Qué**.

2.1.4.1   ¿Qué es la Programación Neuro Lingüística (PNL)?

La PNL es un modelo, no una teoría, su campo es modelar lo que funciona, es un sistema que nos enseña cómo estructuramos la información para construir nuestra realidad y cómo aplicar ese conocimiento en nuestra relación con el entorno.

Cuando percibimos la información, para poder almacenarla, tenemos que codificarla creando mapas en nuestro cerebro -a modo de programas- que simulan una representación de lo que hemos percibido. Al recibir la nueva información se coteja con la que tenemos almacenada, produciéndose una integración en base a creencias, experiencias, conocimientos y expectativas, esto producirá que el mapa esté continuamente reconstruyéndose. A través del lenguaje verbal y no verbal podemos expresar nuestra realidad, y conocer cómo los demás construyen la suya. Si conocemos cómo alguien construye su realidad podremos redirigir e influir en su reconstrucción. La PNL nos ayuda a interpretar comprender y mejorar el comportamiento humano.

- **Programación:** Son esquemas de funcionamiento mental determinados por: la manera de percibir, filtrar, sentir emocionalmente y de organizar la información que nos llega tanto externa como interna (Patrones de conducta).

- **Neuro:** Nuestro comportamiento se relaciona con los acontecimientos externos, pero pasando por procesos neurológicos como: visión, audición, olfato, gusto y tacto.

- **Lingüística:** El lenguaje es la estructura que sirve para ordenar nuestros pensamientos y uno de los vehículos de comunicación (tanto verbal como no verbal).

La PNL surgió del trabajo de Richard Bandler y John Grinder. Estos autores aunaron sus conocimientos de matemáticas, informática, psicología y lingüística y observaron que hay personas que tienen un talento natural para la comunicación y las relaciones humanas influyendo en la conducta de los demás. Decidieron analizar el éxito de Milton Erickson, Virginia Satir y Fritz Perls, psicólogos y terapeutas de prestigio que conseguían cambios extraordinarios en el comportamiento de las personas. Cuando les preguntaron qué es lo que hacían para conseguir esos resultados, ellos mismos no sabían que es lo que producía que las personas les dieran tanta credibilidad y confiaran tanto en ellos. Richard y John decidieron estudiar concienzudamente el modo de hacer de estos profesionales y para ello registraron la comunicación verbal y no verbal que empleaban con los pacientes. Se dieron cuenta que se adaptaban a las particularidades e idiosincrasias diferenciales de cada uno de sus pacientes, nunca hacían dos intervenciones iguales. El estudio del modelado de la comunicación, de estos terapeutas que eran relevantes en su campo, fue el inicio del desarrollo de la PNL. En este enfoque, la preocupación deja de estar puesta en los "**contenidos**" y el interés se dirige a la **forma** concreta, en el **aquí y ahora**, y en el **CÓMO** la gente **construye su experiencia.**

No vamos a explorar en profundidad el modelo de la PNL, ya que eso correspondería a otro momento, pero sí que vamos a exponer aquellos conceptos y fundamentos que nos van a servir para explicar y entender cómo trabaja la mente en la formación de una fobia, en su mantenimiento y en su extinción o eliminación.

2.1.4.2 ¿Cómo se construye la experiencia?

1. El entorno: Puede estar constituido por los orígenes de la estimulación exterior o interior, es el primer eslabón. Nuestro entorno interior tiene mucho que ver con nuestro nivel de neurotransmisores enzimas y hormonas, responsables de gran parte de nuestro humor y actitud. El entorno exterior hace referencia a todos los estímulos que provienen de fuera de nuestro cuerpo.

2. Las percepciones: Son las estimulaciones físicas que son recogidas por nuestros receptores sensoriales, codificándose en nuestro cerebro. Tenemos receptores para la vista, el oído, el tacto, el gusto y el olfato. Estas señales son ensambladas en unidades llamadas "momentos internos", estos carecen de significado, ya que son simples representaciones de las señales originales.

3. El estado presente: Para darles significado, el cerebro necesita comparar los nuevos momentos con otros procesados con anterioridad (memoria). La integración del momento nuevo en la memoria dará lugar a un nuevo significado, a una nueva realidad subjetiva que corresponde a nuestro estado presente.

4. El estado deseado: Está compuesto por nuestras creencias ¿Qué es importante para mí?; nuestros valores ¿Por qué esas creencias son importantes para mí?; y nuestras expectativas ¿Cómo o cuándo conseguiré esas expectativas o valores?

5. Las emociones: Son el resultado de la comparación del estado presente con el estado deseado, la comparación del significado que estamos dando en este momento con las creencias, valores y expectativas que tenemos. Cuando nuestro estado presente y el deseado se acercan, entonces, las emociones son satisfactorias, cuando se alejan las emociones son de sufrimiento, no hay emociones buenas o malas, hay emociones que se acercan o alejan de lo que esperamos.

6. La realidad: Nuestro cerebro, para crear la realidad, combina el estado presente, el estado deseado y las emociones. Es una realidad subjetiva que se ha ido formando a través de la selección de la estimulación percibida y de los filtros de nuestra memoria, de nuestras creencias, valores y expectativas. La forma en cómo manifestamos esa realidad es a través de nuestra conducta, la elección de la conducta, de la respuesta que daremos vendrá determinada por nuestra realidad subjetiva.

2.1.4.3 Sistemas representacionales

Modalidades sensoriales:

Al representarnos la realidad, lo cual incluye tanto el "mundo externo" (ejemplo: un aula llena de alumnos), "como el interno" (ejemplo: un dolor de espalda), lo hacemos básicamente mediante tres tipos de representaciones, que constituyen una experiencia interior: puede ser una imagen que formamos en nuestra mente (representaciones visuales); o es algo que nos decimos en nuestro diálogo interno (representaciones auditivas) o son sensaciones corporales (representaciones cinestésicas).

A su vez, cada una de estas modalidades de representación tiene una gran variedad de submodalidades, es decir, que podemos construirnos diversidad de formas e imágenes (grandes, pequeñas, en color o en blanco y negro, brillantes u opacas, etc.); de diálogos (serenos, agitados, estridentes, etc.) y de sensaciones físicas (suaves, frías, tensas, etc.). Todos los seres humanos poseemos las tres modalidades con sus grandes variedades de submodalidades, pero todos somos predominantemente, o visuales, o auditivos o cinestésicos, y además hacemos distinto uso y tenemos un distinto repertorio de submodalidades.

- **Los visuales:** Son aquellos que necesitan ver todo lo que ocurre en el mundo interno y externo, les importa "lo que se ve". Son los que necesitan ser mirados cuando les estamos hablando o cuando lo hacen ellos, es decir, tienen que ver que se les está prestando atención. Necesitan ser mirados para sentirse queridos. Son las personas que dicen cosas como *"**Mira**... necesito que me **aclares** tu enfoque sobre..."*. Hablan más rápido y tienen un volumen más alto, piensan en imágenes y en muchas cosas al mismo tiempo. Generalmente empiezan una frase y antes de terminarla pasan a otra, y así constantemente, van como picando en distintas cosas sin concluir las ideas e inclusive no les alcanzan las palabras. De la misma manera les ocurre cuando escriben. Suelen mantenerse derechos, con la cabeza erguida.

- **Los auditivos:** Estas personas tienen un ritmo intermedio, no son ni tan rápidos como los visuales, ni tan lentos como los cinestésicos. Son los que necesitan un *"¡aja!..."*, o un *"mmm..."*, es decir, una comprobación auditiva que les dé la pauta de que el otro está con ellos, que se les presta atención. Además, son aquellos que usan palabras como *"Me hizo **clic**..."*, *"**Escúchame**..."*, *"Me **suena**..."*, *"Soy todo **oídos**..."*, palabras que describen lo auditivo. Los auditivos piensan de manera secuencial, una cosa por vez, si no terminan una idea no pasan a la otra. Por eso en más de una ocasión, ponen nerviosos a los visuales ya que éstos van más rápido de pensamiento. En cambio, el auditivo es más profundo comparado con el visual. Este último es más superficial, pero puede abarcar más cosas a la vez. La persona de modalidad preferentemente auditiva, habitualmente, adopta una postura corporal algo distendida y suele inclinar la cabeza ligeramente hacia un lado al objeto de escuchar mejor.

- **Los cinestésicos:** Tienen mucha capacidad de concentración, son los que más contacto físico necesitan. Son los que nos dan una palmadita en la espalda y nos preguntan *"¿Cómo estás?"*; además son los que se van a sentir atendidos cuando nos interesamos por alguna de sus sensaciones. Usan palabras como *"me **siento** de tal manera..."*, *"**se me puso la piel de gallina**..."* o *"me **huele** mal este proyecto..."*. Todo es a través de sensaciones. Acostumbran a adoptar una postura muy distendida, su tono de voz es grave y el ritmo de su habla es lento, a su vez hacen uso frecuente de metáforas del mundo físico, dirán por ejemplo que las cosas les resultaron pesadas o intensas.

Si bien, por lo general, todos utilizamos los tres canales de comunicación, hay uno de ellos que empleamos con mayor frecuencia, ese es nuestro canal predominante. Cuando dos personas se comunican a través de canales diferentes suelen aparecer dificultades para entenderse, puesto que es como si hablaran en idiomas distintos, incluso pueden llegar a discusiones en las que ambos sostienen la misma idea central, pero expresada de un modo tan diferente que no logran llegar a un acuerdo. Al contrario, cuando utilizan el mismo canal ambos perciben que logran una relación armónica y de mutua comprensión, independientemente de si se trata de alguien a quien se conoce o no.

Este es el motivo por el que para mejorar la comunicación se debe: primero averiguar cuál es el canal preferido de nuestro interlocutor y segundo expresar nuestras ideas en términos de ese canal. Esta situación puede ser potenciada si además adoptamos una postura corporal y un tono de voz similar al suyo. No se trata de imitar al otro, ya que en ese caso el efecto sería adverso, se trata de comunicarnos del modo que a la otra persona le resulte más familiar, para lo cual adaptamos nuestro lenguaje al suyo. Esta acción ocasiona un efecto de empatía y comodidad en el otro, creando las condiciones ideales para que nuestro mensaje sea captado íntegramente, dado que aumenta al máximo el proceso de receptividad.

En el supuesto de dirigirnos a un amplio auditorio, entonces lo mejor es usar alternativamente cada canal, de ese modo nos aseguramos que la información llega fluidamente a todos los participantes, y que cada uno de ellos pueda incorporarla y procesarla a su manera. Pongamos un ejemplo de cómo usar las distintas modalidades de comunicación. Imagina que eres un vendedor de productos informáticos y has de vender un ordenador a una persona predominantemente visual, a otra auditiva y a otra cinestésica, ¿les mostraríais el producto de la misma forma? Evidentemente "NO".

Al visual, le diríamos algo como: *"Mire, este ordenador tiene una pantalla de gran resolución y definición de 64 bits, con un sistema de tarjeta gráfica Ati Radeon HD 3600, un filtro para aclarar la imagen que obtiene una gran nitidez y evita el efecto de ojos cansados. Su diseño es atractivo a la vista y los tenemos en diferentes colores, blanco, negro, azul, rojo..."*. Debemos hablarle con un lenguaje fluido.

Al auditivo: *"Dicen que este ordenador es el mejor de su gama, es silencioso, pues no se escuchan los ventiladores y en consecuencia no oirá que está en funcionamiento. Por otro lado, está equipado con dos altavoces de sonido estéreo con doble canal de agudos, lleva instalado un ecualizador para lograr un sonido envolvente..."*. Hablaremos con entonación marcada al inicio y al final de las frases y de forma más calmada que si fuera un visual.

Al cinestésico: *"Me gustaría mostrarle con tranquilidad este modelo, para que aprecie cómo su tamaño lo hace ideal para poderlo trasladar cómodamente de un lugar a otro. Además de que ocupa muy poco espacio, su teclado es ergonómico y evita el cansancio de los dedos, se limpia muy fácilmente y su superficie es muy agradable al tacto..."* Le hablaremos despacio y haciendo pausas para que pueda ir percibiendo las sensaciones a medida que le vamos hablando.

Si además el vendedor acompasa sus movimientos corporales de forma sutil con los del cliente, cruza los brazos si el cliente los cruza, se mete una mano en el bolsillo al igual que el cliente..., está estableciendo una relación de cercanía empática aflojando las resistencias de oposición ante lo desconocido o poco familiar y de esa forma el cliente sentirá que el vendedor quiere ayudarle a escoger lo mejor para él, lo escuchará y se dejará aconsejar. En otras palabras, el vendedor tendrá influencia sobre él.

En el caso de la persona que tiene miedo a conducir, necesita sentirse segura para permitir que podamos romper el bloqueo que ha establecido en forma de protección para evitar el estímulo fóbico. Es por esta razón que el poder establecer cuál es su canal perceptivo predominante de recogida de información, es esencial para acceder a sus esquemas mentales con la menor resistencia inconsciente y poder empezar a cambiar su realidad a través de la comunicación verbal y no verbal.

2.1.4.4 *Esquemas y estructuración de la mente*

Los procesos mentales responsables de cómo nos sentimos, cómo recogemos la información y cómo la interpretamos, sigue siempre un orden establecido que determinará el resultado final, este orden se repite una y otra vez dando lugar a resultados similares, que conforman patrones de conducta, los cuales vuelven a incidir en nuestro estado interno y nuestras emociones. Para poder producir cambios que sean satisfactorios, debemos conocer cómo funciona nuestra mente, cómo ordena y secuencia la información que proviene de las representaciones visuales, auditivas y cinestésicas. Cada experiencia es traducida y codificada por la vivencia, construyendo una representación que posee diferencias con lo efectivamente acontecido. Es por eso que se dice que el mapa, que es una representación de la realidad, no es el territorio. Es nuestra forma de ver el mundo y cada uno de nosotros lo construye según lo que ha dibujado en su mapa. Para modificar la realidad de una persona, primero deberemos corregir su mapa. En este punto se puede comprender cómo una misma situación puede ser interpretada de diversos modos por las distintas personas que presencian un acontecimiento, lo que hará que tenga un impacto emocional diferente y por lo tanto el aprendizaje de ese suceso también sea diferente y se codifique en forma de hecho: agradable, neutro o desagradable.

Supongamos que un naturalista, un ingeniero y un campesino van juntos a dar un paseo por el campo. Si a la vuelta le preguntamos a cada uno de ellos por separado que es lo que han observado y pensado durante su paseo. Sus posibles respuestas podrían ser:

Sebastián Sánchez y Jordi Sánchez

- **El naturalista:** *"Mientras disfrutábamos del paseo por el campo he podido observar con satisfacción dos especies de plantas que son muy raras de encontrar en estos parajes".*

- **El ingeniero:** *"He visto y observado que este terreno está compuesto por gran parte de roca, lo cual permitiría edificar y urbanizar esta zona con garantía de resistencia de los cimientos".*

- **El campesino:** *"Al ir pisando el terreno he sentido lo dura que es esta tierra, su color indica que está muy empobrecida y que no es buena para el cultivo".*

En ocasiones los chistes al igual que los refranes populares constituyen una buena forma de recoger la experiencia y el saber de cada persona en particular. Ilustramos esta idea con el siguiente ejemplo:

Tres amigos viajaban juntos todas las mañanas en el mismo vehículo para ir al trabajo. Uno era fontanero, otro electricista y el tercero informático. Una mañana el coche no quería arrancar, después de probar una y otra vez, el fontanero dice muy convencido: *"Eso va a ser cosa de los manguitos del agua que se han salido del sitió o se han roto".* El electricista comenta: *"Yo creo que es un problema del sistema de encendido que no llega electricidad a las bujías…"* y por último salta el informático: *"¡Oye! ¿y si salimos todos del coche, cerramos las puertas, abrimos y volvemos a entrar?".*

Cuando iniciamos un proceso de interiorización y de cambio para buscar soluciones alternativas a nuestros problemas, debemos tener presente los preceptos que organizan los procesos mentales. A continuación, expondremos algunos de ellos:

a. *Todo pensamiento o idea produce una reacción física*

Todos los pensamientos afectan a todas las funciones del organismo, ejemplos: Los pensamientos de preocupación desencadenan cambios en el jugo gástrico del estómago, que a la larga pueden derivar en úlceras. Los pensamientos de ira aumentan el nivel de adrenalina en la sangre, produciendo diversos cambios en el cuerpo. Los pensamientos de ansiedad y miedo aumentan la frecuencia cardiaca. Todas las ideas que tienen un fuerte contenido emocional casi siempre alcanzan el inconsciente -la mente del sentimiento-. Una vez aceptadas estas ideas continúan produciendo la misma reacción corporal una y otra vez.

Es necesario, por lo tanto, romper ese círculo vicioso por algún sitio si no queremos caer una y otra vez en las mismas respuestas psicofisiológicas o psicosomáticas.

b. *Una vez que una idea ha sido aceptada por la mente inconsciente, permanece hasta que otra idea la reemplaza*

Esta regla va asociada a la siguiente: Cuanto más tiempo permanece una idea, mayor es la resistencia a que se la reemplace por otra idea nueva.

Una vez que una idea ha sido aceptada, tiende a permanecer, y cuanto más tiempo actúa y se repite, más tiende a convertirse en una forma habitual de pensar. Así es cómo se forman los hábitos, buenos o malos. Tenemos pautas de pensamiento y acción. Anótese bien: *"Toda acción va precedida de un pensamiento".* Si queremos modificar nuestras acciones, tenemos que empezar modificando nuestros pensamientos. Aceptamos ciertos hechos como verdaderos. Aceptamos que el Sol sale por el Este y se pone por el Oeste, incluso cuando está nublado y no podemos verlo. Tenemos muchas pautas de pensamiento que son incorrectas y sin embargo se han fijado (grabado) en nuestra mente. Existen personas que en momentos críticos ingieren alcohol, fuman o consumen calmantes para rendir con eficiencia. Todo eso es incorrecto, pero la idea está ahí y resulta una pauta fija de pensamiento. Seguramente encontraremos oposición interna si queremos reemplazarla por una nueva idea.

Sebastián Sánchez y Jordi Sánchez

c. Un síntoma inducido emocionalmente, si persiste lo suficiente, tiende a causar cambios orgánicos

La ciencia médica reconoce que más del 60% de las enfermedades humanas son psicosomáticas. Puede ocurrir que la función de un órgano o de una parte del cuerpo se haya perturbado por la reacción del sistema nervioso a ideas negativas que sostiene el inconsciente. No queremos decir con esto que toda persona que se queja de una enfermedad está enferma emocionalmente o es neurótica. Hay enfermedades causadas por gérmenes, parásitos, virus, etc. ¡Somos un conjunto inseparable de mente y cuerpo! Si temes continuamente que tu salud se debilite, sí hablas constantemente de tus nervios de estómago o tus migrañas debidas a la tensión, a la larga pueden producirse cambios orgánicos que sostengan estas dolencias.

d. Cada sugerencia llevada a la práctica disminuye la resistencia a sucesivas sugerencias

Cuanto más tiempo dura una tendencia mental, más fácil es que continúe. Una vez que un hábito está formado tiende a adquirir permanencia y por lo tanto mayor resistencia al cambio.

Cuando el inconsciente ha aceptado una sugerencia, se hace más fácil que acepte nuevas sugerencias y las lleve a la práctica. En este principio se basa la publicidad y el marketing.

2.1.4.5 La visualización

La visualización es un proceso de revivificación que se nutre de nuestra imaginación para poder realizar cambios de aquello que no nos gusta o nos insatisface. Somos lo que pensamos y las imágenes ocupan una porción muy grande de nuestro pensamiento. A través de la visualización podemos construir una realidad conforme a nuestros deseos. A medida que se avanza en el aprendizaje de visualización, las situaciones se viven y experimentan con mayor realidad. Si nuestra experiencia la hemos construido de la información que recibimos del exterior a través de nuestros sentidos y su posterior integración para formar nuestra actitud y creencias, también podemos reconstruir nuestra realidad modificando la información que recibimos con la percepción de nuestros sentidos a través de la visualización. Cuanto más real se esté visualizando un acontecimiento, más cambios se producirán en nuestras actitudes (creencias, conductas y emociones) y en nuestro posterior comportamiento. Un ejemplo de lo que decimos es el siguiente:

Si de pequeño tuve una experiencia traumática con un *"rottweiler"* en la que el animal me gruñó y me enseñó los dientes y desde entonces no he vuelto a acercarme a un perro. He construido la creencia de que estos animales son peligrosos y no son de fiar, eso hace que no me acerque a ellos y por lo tanto no pueda corroborar esa idea, lo que hará que mi miedo no solo se mantenga, si no que se alimente de mi propio miedo para incrementarse con el tiempo. Con la visualización puedo conseguir verme jugando de forma divertida con un perro y compartiendo ternura y compañía. Si esta visualización la siento intensamente, estaré cambiando mi programa mental sobre los perros y estaré reconstruyendo una parte de mi realidad.

Con la visualización podemos cambiar el miedo y afrontar la situación de forma neutra, dejar de sentirla como un reto, y posteriormente vivirla, si se desea, como un triunfo.

Todos nuestros pensamientos producen resultados. Si tenemos pensamientos creativos y positivos, tendremos resultados creativos y positivos. Si, por el contrario, nuestros pensamientos son negativos, tendremos resultados negativos. Está claro que tenemos que cambiar nuestra manera de pensar y de ver el mundo si queremos conseguir otros resultados más adaptativos. La sugestión o autosugestión combinada con nuestra imaginación pude cambiar nuestra realidad.

Hay que volver a hacer mención al cerebro, por ser el órgano fundamental para la realización de visualizaciones y tareas que implican un componente mental. En lo que se refiere a la visualización, es importante conocer el funcionamiento del cerebro, para poder utilizarlo de la manera más adecuada.

En el plano funcional se sabe que las funciones que residen en el hemisferio izquierdo están relacionadas con el razonamiento, es decir, con todo lo que es racional, dependiente de la lógica, del análisis y de la crítica. Es asimismo la sede del lenguaje y del pensamiento. Corresponde al estado de vigilia en el nivel consciente y podemos decir que es un hemisferio muy activo.

El hemisferio derecho es más bien la sede de todo lo que es irracional, intuitivo y emotivo. Funciona por analogías, por asociación de ideas, imágenes, símbolos, sueños. Es el centro de la intuición y de las emociones. Es el hemisferio que tienen más desarrollado los artistas, y que el resto de las personas tenemos un poco abandonado.

Las experiencias de fracaso almacenadas en el hemisferio derecho en forma de emociones negativas, reprimidas e inconscientes van a tener una gran influencia sobre las órdenes dadas al hemisferio izquierdo activo, el cual va a llevar a cabo la realización consciente de la acción. Por ejemplo, un niño que tiene malas notas y al que sus padres y profesores en lugar de decirle que puede hacerlo mejor y que debe intentarlo de nuevo, le dicen que es un idiota, que no presta atención suficiente y que nunca llegará a ninguna parte, va a tener una percepción de sí mismo devaluada, perdedora, una autoestima muy baja, y puede que decida que no tiene sentido seguir esforzándose. Este sentimiento de fracaso va a influenciar en su comportamiento futuro.

Esto nos lleva a un síndrome denominado "efecto Pigmalión", profecía auto cumplida (Rosenthal 1960) o ley del cumplimiento automático de las predicciones, según la cual, cuando hacemos una predicción sobre el futuro, solemos comportarnos de una forma que sea compatible con la realización de esa predicción. Lo que tenemos en la vida es lo que nos buscamos, y lo que no tenemos es lo que nos negamos.

2.1.4.6 Anclajes y Relajación

A principios del siglo XX, un psicólogo de la unión soviética llamado Pavlov, se dio cuenta que cuando le ponía de comer a sus perros, estos con la simple visión de la comida empezaban a salivar, decidió poner en marcha un experimento para saber más de estas respuestas condicionadas. Durante dos semanas todos los días cuando les traía la comida, hacía sonar una campana. Naturalmente, al principio, los perros salivaban con la visión de la comida. Pasado ese tiempo simplemente con el sonido de la campana -sin que estuviera presente la comida- los perros salivaban. Pavlov asoció un estímulo neutro -el sonido de la campana- con una respuesta fisiológica -la salivación-.

Un **anclaje** es la asociación automática entre un estímulo y una respuesta emocional. Consiste en asociar un estímulo sensorial con un estado emocional. El estímulo puede ser visual, auditivo o cinestésico. Generalmente los anclajes se utilizan para facilitar el acceso a experiencias almacenadas en nuestra memoria en forma de emociones positivas o negativas. Para que un anclaje funcione es necesario que se halle asociado a la experiencia, que se dispare el anclaje en el momento de máxima sensación de la experiencia y que el estímulo se produzca siempre en el mismo contexto y con la misma intensidad.

En nuestra vida diaria tenemos multitud de anclajes que utilizamos de forma inconsciente. Escuchamos una determinada canción y nos vienen recuerdos de cuando la escuchábamos en nuestra época adolescente y sin saber por qué nos cambia el estado de ánimo. Pasamos por delante de una juguetería y el olor a plástico de algunos juguetes nos transporta a cuando éramos niños y nos pasábamos horas y horas jugando y disfrutando sin descanso. El café para muchos fumadores es un potente anclaje que hace que tengan la urgente necesidad de fumarse un cigarrillo.

La mala noticia es que muchos miedos están reforzados por anclajes negativos. Recuerda el ejemplo que pusimos en el Capítulo 1 sobre el accidente de coche y la canción "X", cómo se asociaron los síntomas de ansiedad, para después al escuchar esa canción en otro lugar, se reprodujeran en la persona los mismos síntomas. Ese, es un ejemplo de anclaje negativo.

La buena noticia es que podemos contrarrestar un anclaje negativo con otro positivo, es decir de la misma forma que se ha asociado un estímulo con una emoción negativa, podemos asociar otro estímulo con una emoción positiva y hacerlo surgir para que la emoción positiva neutralice a la negativa y a sus síntomas. Como expusimos anteriormente, para realizar el anclaje podemos utilizar cualquier canal sensorial, esto facilitará el acceso al programa que ejecuta el patrón de respuesta emocional de la persona y obtener, de esta manera, los mejores resultados en nuestra intervención.

Para que se forme un anclaje es necesario que la asociación entre el estímulo y la emoción se produzca de forma muy intensa y/o se realice de forma muy repetitiva para fortalecer progresivamente la unión y ésta se evoque de forma automática, al igual que pasaba con la salivación de los perros de Pavlov.

De esta forma podemos asociar una sensación de tranquilidad y paz, con: la visión de un paisaje, el sonido del mar o simplemente con juntar dos de nuestros dedos. Para que el proceso sea efectivo tenemos que realizar la unión entre estímulo y sensación siempre de la misma forma, es decir: siempre serán con la misma imagen, o con el mismo sonido y en el caso de la unión de los mismos dedos, o tocando alguna parte del cuerpo, siempre se hará de idéntico modo, e igual presión, etc. El procedimiento es el siguiente:

1. Elegimos un lugar donde la persona esté cómoda y se pueda relajar en ausencia de posibles interferencias.

2. Hacemos una relajación, el grado de profundización dependerá de la persona, a mayor profundidad, mayor será la asociación.

3. Cuando está relajada la focalizamos en la sensación de tranquilidad, relajación, confianza, seguridad, bienestar o cualquier sensación que queramos resaltar. A continuación, realizamos el anclaje. Si es visual, le decimos que visualice por ejemplo una playa paradisíaca, si es auditiva que escuche, por ejemplo, el sonido de las olas y si es cinestésica que note la unión o presión del dedo índice y pulgar y al hacerlo notará con más intensidad

la sensación que estaba sintiendo -en caso de desconocimiento de su canal sensorial predominante podemos hacer los tres-. La unión entre estímulo y sensación la mantendremos entre cinco y diez segundos.

4. Rompemos la asociación momentáneamente, describimos otra imagen neutra sin ningún significado especial -visualizar un folio en blanco-, otros sonidos neutros - el sonido de un teléfono que comunica- o le decimos que separe y relaje los dedos que había unido o cualquier otro contacto físico que hubiera establecido y al mismo tiempo le indicamos que su estado es normal, igual a cómo se encuentra la mayor parte del tiempo. Esta situación la mantenemos aproximadamente diez segundos.

5. Repetimos el paso 3 y 4 al menos tres veces más, cuantas más repeticiones, más fuerte será el anclaje.

6. Los anclajes se recargan y debe de hacerse de forma periódica para que no pierdan fuerza y efectividad. Se le ha de enseñar a la persona a recargarlos por sí misma, esto se puede hacer de forma controlada a través de la relajación como hemos expuesto o bien aprovechando cualquier situación de la vida cotidiana que experimente las sensaciones descritas para evocar la representación que ha asociado y fortalecer así su unión.

7. La finalidad del anclaje es que una vez instaurada la asociación, en el momento que la persona necesite evocar la sensación positiva de tranquilidad, relajación, confianza, seguridad, bienestar o cualquier sensación que queramos resaltar, sólo tendrá que evocar el estímulo elegido para que la sensación aparezca de forma automática y le facilite el desempeño de la conducta a realizar.

2.1.5 Técnicas para manejar la ansiedad y el miedo en la amaxofobia

A continuación, describiremos, en base a lo que hemos expuesto anteriormente, diferentes técnicas y directrices para trabajar la amaxofobia. No es necesario que tengamos que utilizarlas todas, la evolución del problema nos servirá como guía para ir implementando técnicas o modificando las que estamos aplicando, con el fin de adecuarlas a la idiosincrasia de la persona y de la situación específica. Por ejemplo, ante cualquier fobia y en este caso la amaxofobia, será imprescindible trabajar meticulosamente la reestructuración cognitiva para modificar las ideas y creencias erróneas sobre la magnificación del peligro que el preconductor presupone en la conducción sin haber tenido ninguna experiencia previa negativa que lo corrobore o lo justifique.

2.1.5.1 La ansiedad en sí misma no es peligrosa

Una de las mayores dificultades que presenta el manejo de la ansiedad es el miedo a padecerla, a los síntomas que se originan debido al miedo a perder el control, a que nos de un infarto, a que la gente se dé cuenta de que nos pasa algo "raro". Tenemos que hacerle llegar al preconductor o conductor, que la ansiedad en sí misma no es peligrosa, sólo es un mecanismo de activación. En realidad, si no estamos afectados por una patología coronaria o respiratoria grave, la ansiedad por sí sola no va a provocar que suframos un ataque al corazón, ni que padezcamos un paro respiratorio. La persona debe tener claras sus metas, confiar en sus propios recursos y en aquellos que les vamos a ofrecer. Debe poder comprobar cómo una vez que ponga en marcha esas estrategias y comience a no prestar atención a su ansiedad, irá disfrutando de los beneficios de la conducción tranquila, la movilidad segura y por ende de sus relaciones sociales.

Es necesario que, sobre todo al principio, se esfuerce para cooperar en pro de aceptar el reto de conducir como un hecho más a superar. De esta forma muy pronto y a medida que vaya obteniendo resultados positivos, se incrementará su motivación y su expectativa de logro, reforzándose de forma circular todo el proceso.

Debe encontrar en nosotros comprensión y apoyo. Nuestra comunicación ha de ser empática y nuestro lenguaje positivo. La relación ha de ser distendida, hay que rehusar y huir de situaciones de ayuda forzada. Siempre debemos saber cuándo hay que parar sin aproximarnos al límite, mejor ir poco a poco y avanzar con pie firme. Debemos empatizar y entender los miedos de la persona que recibe nuestra ayuda y a la vez mostrarle un amplio abanico de recursos, estrategias y posibilidades que le den confianza y motivación para salir airoso/a de su lucha contra sus miedos.

2.1.5.2   *Manejo inicial de los síntomas*

Inicialmente nos centraremos en vencer los síntomas fisiológicos, por ser los más molestos e incapacitantes, una vez que estos desaparecen el preconductor o conductor se verá más capaz de ir afrontando los futuros retos asociados a la conducción.

El sistema nervioso autónomo: es el encargado de regular el sistema respiratorio, el cardiovascular, el sistema endocrino, ayudar al proceso digestivo y a regular la temperatura corporal. Este sistema comprende a su vez:

- El sistema **nervioso simpático**, responsable de las respuestas de activación y alerta y por lo tanto de la ansiedad.

- Y el **sistema nervioso parasimpático**, responsable de ralentizar y equilibrar las alteraciones producidas por la activación del sistema simpático.

Cuanto antes activemos el sistema parasimpático, antes eliminaremos la ansiedad. Es necesario aprender a identificar los primeros síntomas de ansiedad para poner en marcha, lo antes posible, las estrategias para frenarlos. Hay que pensar que, si se moviliza el sistema nervioso parasimpático, antes de que el simpático esté activo y a pleno rendimiento, habrá más posibilidades de amortiguarlo. Los indicios se presentan ante la exposición a situaciones o lugares que por experiencias anteriores han producido ansiedad (ejemplos: hora de hacer las prácticas, acercarse al vehículo, pensar en ponerse a circular). Se producen cambios internos en las funciones corporales o mentales: inicio de aumento de la tasa cardiaca, aumento de la respiración, sudoración, tensión corporal pensamientos recurrentes de preocupación o miedo. Es importante que la persona aprenda a reconocer los síntomas de la ansiedad, pero debemos recordar que, aunque los síntomas por si solos no son peligrosos, si la auto observación se convierte en preocupación y obsesión estaremos empeorando la ansiedad.

2.1.5.3 Aprendiendo a respirar

El respirar correctamente es esencial para manejar la ansiedad. Hay que enseñar a restablecer el nivel óptimo de oxígeno en la sangre, es decir, se debe enseñar **cuándo** controlar la respiración y **cómo** hacerlo: tipo de respiración, frecuencia, ritmo, pausas.

En un principio lo más importante es el cuándo y el cómo. Esto implica un aprendizaje, de diferentes tareas y de dificultad diversa, que iremos adquiriendo e incorporando de forma paulatina con la práctica diaria.

Cuándo: Ante los primeros síntomas de ansiedad. En cuanto se perciba la activación del sistema nervioso simpático y sus manifestaciones corporales: inicio de aumento de la tasa cardiaca, aumento de la respiración, sudoración, tensión corporal, etc. En la persona amaxofóbica estas respuestas irán ligadas a situaciones o lugares que tengan que ver con la conducción.

Cómo: Respiración controlada

Al inicio de la exposición a situaciones o lugares ansiógenos, o al notar levemente los primeros síntomas fisiológicos de la ansiedad:

1. Coger aire contando mentalmente hasta 4 (4 segundos).
2. Aguantar el aire contando hasta 4 (4 segundos).
3. Soltar el aire contando hasta 6 (6 segundos).
4. Repetirlo 12 veces (durante 3 minutos).

Lo ideal es que se inhale el aire por la nariz y se exhale por la boca, pero si se está resfriado o por alguna otra causa no podemos hacerlo de esta manera, no hay que preocuparse, aun así, será efectivo.

Cuando los síntomas son más fuertes, por ejemplo: en una crisis de angustia.

1. Si se puede, dejar lo que se esté haciendo y sentarse.
2. Aguantar la respiración durante 10 segundos sin haber realizado antes ninguna respiración profunda.
3. Al llegar a 10 soltar el aire diciéndose mentalmente la palabra "calma" o "relax" o "tranquilidad".
4. Coger aire contando mentalmente hasta 4 (4 segundos).
5. Aguantar el aire contando hasta 4 (4 segundos).
6. Soltar el aire contando hasta 6 (6 segundos).
7. Repetirlo 8 veces (del 4 al 6). Si persiste iniciar del 1 al 7.

Se obtendrá mayor beneficio si la respiración se realiza abdominalmente, pero como hemos comentado anteriormente, de momento no podemos esperar a que la persona aprenda este tipo de respiración para hacer estos ejercicios. A medida que le sea más fácil realizar la respiración abdominal, se po-drá ir sustituyendo la respiración normal por la abdominal.

Seguidamente, mostraremos la respiración abdominal. Se llama así, no porque se respire con el abdomen, en realidad se hace con la zona inferior de los pulmones -con el dia-fragma- pero la Impresión es que se ejecuta con el abdomen al movilizarse esa zona.

Respiración abdominal:

1. Para practicar se debe elegir un momento en el que no haya interrupciones. Seleccionar, si es posible, un lugar tenue de luz y sin sonidos distractores. Para empezar a practicar, adoptar una posición sentada. Si no se consiguiera respirar correcta-mente, se puede comenzar por una posición reclinada o tendida.

2. Aflojar cualquier ropa o cinturón que pueda apretar, especialmente en la zona de la cintura o abdomen. Adoptar una posición cómoda y colocar una mano sobre el pecho y otra sobre el abdomen con el dedo meñique justo encima del ombligo.

3. Inspirar por la nariz. Espirar por la nariz o por la boca. Si se tiene algún problema que impida inhalar bien por la nariz, hacerlo por la boca, pero sin abrirla demasiado.

4. Inspirar por la nariz durante 3 ó 4 segundos utilizando el diafragma. El abdomen se elevará, lo notarás con la mano que has apoyado sobre él. No hay que elevar los hombros ni mover prácticamente el tórax.

5. Espirar lentamente por la nariz o por la boca durante 3 ó 4 segundos. El abdomen volverá a su posición original. Hacer una breve pausa antes de volver a inspirar, de esta manera se respirará unas 8 veces por minuto. Si se respira aún más despacio, no hay problema, pero si ese ritmo es demasiado lento para la persona en cuestión, puede comenzar por uno más rápido de 12 respiraciones por minuto en el que la inspiración y la espiración duran 2 segundos cada una. Posteriormente tendrá que aproximarse poco a

poco al ritmo de 8 o menos respiraciones por minuto.

6. Practicar la respiración controlada dos veces al día, a razón de 10 minutos cada vez. Durante los cuatro primeros días, practicar con los ojos cerrados y los días restantes con los ojos abiertos.

2.1.5.4   *La distracción y la diversión*

Puede darse el caso en que la Amaxofobia origine estados de ansiedad mucho antes de enfrentarse a la conducción, el solo hecho de pensar que dentro de unas horas o que al día siguiente se va a coger el vehículo, desencadena todas las respuestas del sistema nervioso simpático. Lo que mantiene la ansiedad y el miedo es la fijación de nuestra mente con la percepción de amenaza y peligro en relación a los síntomas y a las consecuencias de éstos. Tenemos que dirigir nuestro pensamiento hacia tareas distractoras para salir del bucle circular de la ansiedad realizando tareas que requieran de nuestra atención para evitar entrar en él. Las siguientes tareas y distracciones están encaminadas a romper esa espiral o círculo de pensamiento que genera la angustia mucho antes de enfrentarnos a la situación fóbica.

Tareas distractoras: A pesar de que la mente humana es capaz de realizar varias tareas a la vez, es evidente que se necesita un sobreesfuerzo y un reparto de la concentración en las diferentes tareas. Para que el peso de la atención no se siga focalizando en la ansiedad debemos buscar distracciones que entrañen dificultad o bien nos interesen mucho. A continuación, citamos unas cuantas que pueden ayudar a descentrar nuestra atención de la percepción de peligro. Es posible que algunas funcionen mejor que otras dependiendo de las características personales de cada sujeto y de la situación o lugar donde se desarrolla la acción:

- Contar mentalmente de 100 a 1 en sentido descendente de tres en tres: 100 - 97 - 94 - 91 - 88 - ...
- Sumar los números de las matrículas de los coches que pasen por la calle.

- Repasar mentalmente los ingredientes y los pasos para preparar un plato de cocina.

- Buscar definiciones en el diccionario de palabras que no se tenga claro su significado.

- Buscar las diferencias entre dos personas conocidas, tanto a nivel físico como de personalidad.

- Pensar como sería el lugar ideal de vacaciones.

- Tararear la canción favorita. Es mejor que sea en nuestro idioma y que se le dé ritmo y entonación, así se trabajara con los dos hemisferios cerebrales.

- Leer algo que nos guste.

- Jugar con la consola o con el móvil.

- Llevar un monedero con bastantes monedas y contarlas.

- Llevar un calendario de bolsillo y ponerse a contar los días que quedan para la próxima fiesta, el próximo puente, navidad, etc., etc.

Diversiones: Debemos iniciar alguna actividad o afición que dificulte la aparición de la ansiedad. Al igual que hemos aprendido la respuesta de ansiedad debemos revertir ese aprendizaje y re-direccionarlo hacia otra tarea que nos ocupe el tiempo y el pensamiento. Se suelen poner excusas diciendo que no apetece hacer nada, que no se dispone de tiempo, que estamos cansados. Pero para lograr un gran cambio hay que empezar por realizar pequeños cambios y a veces para conseguir tener control sobre nuestra voluntad hay que empezar a hacer cosas que no nos gustan. Si nos decimos que no tenemos tiempo, sabemos que el tiempo es relativo y que siempre disponemos de él, sólo es cuestión de priorizar y la salud está por encima de todo.

Si nos decimos que estamos cansados, probablemente la ansiedad tiene bastante que ver con eso, lo que nos negamos a hacer nos alejará de conseguir una solución satisfactoria. Nos cuesta cambiar de hábitos, lo conocido nos proporciona seguridad y lo desconocido nos produce miedo, pero la ansiedad se ha convertido en un hábito y paradójicamente necesitamos hacer cosas nuevas para desterrarla, aunque a veces al principio, signifique sentirnos, algo inseguros. A continuación, exponemos algunos ejemplos de actividades que pueden servir de ayuda:

- Realizar ejercicio o algún deporte, mejor que sea en compañía.

- Organizarse el tiempo, no quedarse en casa sin nada que hacer.

- Planear los fines de semana con antelación.

- Quizás haya algo que nos gustaría aprender.

- Buscar una afición que nos agrade, exponemos sólo algunas:

    - Fotografía

    - Pesca

    - Coleccionar

    - Maquetismo

    - Jardín o huerto

    - Cocinar

    - Pintura o cerámica

    - Hacerte miembro de una asociación

2.1.5.5   *Auto instrucciones*

Los niños muy a menudo suelen hablarse a sí mismos en en voz alta. Utilizan el lenguaje para guiar su conducta, reforzarla y motivarse en su ejecución. Con el tiempo y las represiones inconscientes del sentimiento de vergüenza y *"del que dirán"*, dejamos de hacerlo, pero no por que deje de ser efectivo. Todos estamos acostumbrados a seguir órdenes y la palabra constituye una de las herramientas más potente para convencernos de algo. Las autoinstrucciones influyen en cómo nos sentimos y en cómo nos comportamos, si son positivas generaran sentimientos de bienestar y comportamientos adaptativos. ¿De quién nos vamos a fiar más que de nosotros mismos?

La ansiedad se origina en la mente y es en la mente donde debemos trabajar para manejarla, debemos convencernos a nosotros mismos de que lo que nos pasa no es peligroso, de que otras veces hemos tenido ansiedad y la hemos superado, de que cada vez que aparece conseguimos manejarla mejor y de que conseguiremos ganarle la batalla. Lo ideal es que las autoinstrucciones nos las demos en voz alta, pero puede resultar vergonzoso sobre todo si hay gente a nuestro alrededor que nos pueda oir; de manera que cuando no estemos solos utilizaremos la palabra interiorizada, es decir, decírtelo mentalmente, pero con tono convincente y seguro, no solo hay que decirlo, sino creérselo. A continuación mostraremos varios ejemplos de auto-instrucciones, pero lo mejor es que cada persona se las construya para si mismo con su propio lenguaje:

- La ansiedad no es peligrosa.

- Es molesta, pero pasará.

- No es la primera vez que me pasa y siempre lo he superado.

- Voy a centrarme en mi respiración.

- Le doy demasiada importancia a las cosas.

- Lo que temo nunca pasa.

- Anticipo siempre lo peor sin ninguna prueba.

2.1.6 Relajación

La relajación es el lado opuesto a la ansiedad, a todo el mundo le gusta relajarse, pero pocas personas saben cómo hacerlo a voluntad. Todos hemos oído en alguna ocasión, por ejemplo, cuando nos encontramos sentados en el sillón del dentista y éste nos dice *"relájate que estás muy tenso"* y uno piensa *"sí, y eso cómo se hace teniendo la boca abierta y escuchando el zumbido de la fresa y viendo cómo se acerca"*.

La relajación se aprende, y como cualquier aprendizaje necesita de: una explicación, de una asimilación e interiorización y de práctica.

El propósito final es que se convierta en un hábito, pero con la diferencia de que es un hábito saludable, el cual nos produce beneficios como:

- Disminución de la tensión muscular.

- Disminución de la frecuencia e intensidad del ritmo cardiaco.

- Aumento de la vasodilatación arterial y como consecuencia un mejor riego sanguíneo periférico.

- Disminución del ritmo, frecuencia e intensidad de la respiración.

- Disminución de la sudoración.

- Disminución de los niveles de adrenalina.

- Disminución de los índices de colesterol y ácidos grasos y en general una disminución de la actividad simpática.

2.1.6.1   Lenguaje que se utiliza en la relajación

Cuando realizamos una relajación se ha de utilizar un lenguaje que llegué al inconsciente, el mensaje ha de ser simple, claro, útil y de fácil comprensión. Como si estuviésemos diciéndole a un niño pequeño algo que queremos que entienda. Hay que repetir las sugestiones para encontrar el momento en que la persona está más receptiva y para que vaya automatizando el proceso, cuando comemos, cuando caminamos, cuando escribimos, son actividades que en su mayor parte están dirigidas por el inconsciente, se aprenden a base de la repetición, pero una vez aprendidas una gran parte de ellas se automatizan (ejemplo: el niño que empieza a caminar).

El aprendizaje de la relajación es parecido a cualquier otro aprendizaje: consta de una teoría y de un procedimiento que no sólo hay que aprender y comprender, además hay que sentirlo y creer en ello y posteriormente hay que practicar, practicar y practicar. El secreto para conseguir lo que nos proponemos es ejercitarlo diariamente, con la práctica los resultados irán incrementándose.

Un filósofo *dijo "Dime lo qué haces en tu tiempo libre y te diré qué serás dentro de un año"* ¡Qué verdad! Nuestro tiempo libre es en realidad nuestro tiempo más valioso y debemos saber sacarle partido.

2.1.6.2   Semántica y síntesis:

El uso de gerundios y adverbios proporciona una guía del proceso no forzado. Las peticiones se convierten en sugerencias donde la persona es la que escoge realizarlas y de esa forma se eliminan posibles resistencias provocadas por el deseo de no perder el control a manos de otra persona. Algunos de los gerundios y adverbios más utilizados son los siguientes:

Gerundios:

- Respirando, inspirando, observando, experimentando, descubriendo, atendiendo, escuchando, sintiendo, relajando, aprendiendo, disfrutando.

Adverbios:

- Tranquilamente, rítmicamente, pausadamente, cómodamente, armoniosamente, atentamente, lentamente, saludablemente, automáticamente.

2.1.6.3   Cómo mejorar la eficacia de las sugestiones

- Tono de voz apropiado a cada mensaje.
- Enfatizar las palabras clave.
- Hablar con ritmo, pausas y velocidad adecuada a cada mensaje.
- Mostrar seguridad y fluidez en lo que se dice.
- Sugestiones cortas o fraccionadas en frases cortas.
- Contenido expresado en positivo.
- Repetirlas a lo largo de la inducción.

- Que sean creíbles.

- Expresarlas con fuerza y credibilidad, con implicación emocional.

- Utilizar las descripciones en las diferentes modalidades sensoriales para darles fuerza y credibilidad.

2.1.6.4   Conectores en la escalada de sugestiones:

La transición entre las frases ha de ser suave, que no rompa la armonía, la persona que está siendo relajada tiene que sentir que una cosa le lleva a la otra de forma progresiva y natural, toda la relajación es un continuo, donde se van sucediendo sugestiones y cuya realización da pie a aceptar el siguiente paso de buen grado. Se han de mostrar los conectores que presentamos a continuación por orden de complejidad y aceptación, empezando por los más sencillos:

a. **Sencilla y débil: A y B:** Oyes el sonido de mi voz **Y** sientes la temperatura de tus manos sobre tus piernas.

b. **A te permitirá B:** El tener los ojos cerrados **te permitirá** sentir más intensamente las sensaciones.

c. **Cuando A ⟶ B: Cuando** hagas tres respiraciones profundas entrarás en una relajación aún más profunda.

d. **Mientras A, B: Mientras** escuchas mi voz aumenta tu confianza en ti mismo.

e. **A medida que A ⟶ B: A medida que** te relajas, tu respiración se hace más sosegada.

f. **A hace que B:** Al sentir tu cuerpo más pesado **hace que** todo tu cuerpo se relaje.

g. Al mismo tiempo que A, B: Al mismo tiempo que tu mente consciente está atenta a seguir el proceso, tu mente inconsciente te proporciona un estado de bienestar y tranquilidad.

2.1.6.5 *Interferencias en el proceso de relajación*

Durante la realización de la relajación y por lo tanto durante el proceso de focalización interna, la persona que está siendo relajada puede interferir en la consecución del estado deseado ideal, para poder abordar los problemas u objetivos de la relajación. Estas interferencias pueden ser de naturaleza distinta:

a. Conscientes: La progresión en la relajación y los cambios fisiológicos y perceptivos de las sensaciones (sensación de peso, de no poderse mover), pueden provocar temor y percepción de falta de control sobre la situación. Esto puede hacer que el sujeto se bloquee y para paliar estas sensaciones detenga el proceso de relajación, volviendo sus ondas cerebrales a un estado *"beta"*. Al contrario de lo que se cree, estas sensaciones indican que se está alcanzando el estado óptimo y deseado para poder beneficiarse de la relajación. Previamente hay que informar a la persona de que va a sentir estas sensaciones y que se han de aceptar y dejar que se amplifiquen.

b. Inconscientes: Sin darnos cuenta nuestra mente se ha ido a pensamientos o situaciones pasadas o futuras que no tienen nada que ver con lo que estamos persiguiendo. Sobre todo, se dan en el aprendizaje de la relajación, en las primeras veces que se practica. La mente hay que acostumbrarla a la interiorización, cuando esto ocurra y nos demos cuenta simplemente nos centraremos en volver a la focalización interna sin darle mayor importancia.

Una vez que se ha adquirido la destreza para conseguir relajarse, la visualización aporta profundidad al proceso.

Es aconsejable construir la relajación teniendo en cuenta cual es la modalidad representacional predominante de la persona que va a ser relajada. Si es más visual, nos recrearemos en detalles visuales, si es auditiva tendremos especial cuidado en cómo utilizamos las entonaciones, los silencios y los silabeos, focalizaremos la atención en los sonidos, si es más cinestésica trabajaremos con las sensaciones, con los sentimientos y las emociones. Esto hace que a algunas personas les guste comenzar la relajación acompañados de una música de fondo tranquila, como el sonido de las olas, o de una suave lluvia, o los sonidos de la primavera en el campo. A otras les gusta imaginar un lugar maravilloso y se recrean en los colores, en los paisajes, o puede ser que les gusta sentir que están caminando, haciendo alguna actividad o simplemente descansando y fijándose en su respiración tranquila.

Para realizar la relajación hay que buscar un sitio cómodo, lo ideal es que, si al principio se hace con el cuerpo estirado, posteriormente se vaya acostumbrando a realizarla en una silla, ya que así se ampliarán las oportunidades de disponer de tiempo y lugar para llevarla a cabo. Procurar que no haya distractores, ya que en estado de focalización interna se agudizan los sentidos y los sonidos que normalmente pasarían inadvertidos y estos pueden llegar a convertirse en distracciones. Lo ideal, en estos casos, es incorporar los posibles sonidos a la relajación y hacer que pasen a un primer plano, en el que se les presta atención consciente, y posteriormente utilizarlos para relajarse más profundamente (aceptar y utilizar). Por ejemplo, si cuando estamos iniciando la relajación escuchamos el taladro de un vecino que intenta colgar un cuadro, podemos introducir en nuestras instrucciones algo así: *"quiero que imagines que ese sonido que escuchas corresponde a una espiral de relajación y a medida que oigas ese sonido que corresponde a esa espiral... tu relajación se hará más y más profunda"*.

Debemos averiguar si la persona presenta otra fobia o hay algo que le desagrada para no introducirlo en la relajación, ya que se activaría y sería muy difícil conseguir que se relajase adecuadamente.

Del mismo modo es necesario preguntarle en qué lugares se encuentra más relajado: en la montaña, en el mar, en la casita de campo, paseando con su perro… De esa forma la relajación la haremos focalizándola en su lugar ideal para relajarse. Aun así, es mejor utilizar un lenguaje abierto para que el sujeto vaya formando su visualización y no introduzcamos algo que le sea aversivo. Por ejemplo, si estamos guiando a la persona a través de una visualización en la playa y decimos: *"Te bañas en el mar y al sumergir la cabeza bajo el agua sientes una agradable sensación de bienestar".* Si a esta persona no le gusta sentirse bajo el agua, habremos roto la armonía, es posible que se sienta incomoda y a partir de ese momento no pueda relajarse. Sería mucho mejor decir: *"Paseas por la playa y quizás te apetece acercarte a la orilla y poder sentir el tacto del agua en tu piel y de esa forma experimentar sensaciones que te permitan sentirte mucho mejor… o quizás simplemente deseas contemplar relajadamente el movimiento de las olas…, cómo vienen y van…"*

Si la persona manifiesta un síntoma de malestar como el dolor, no debemos intentar negarlo, ya que esto creará una interferencia en la relajación. Debemos empezar centrándonos en ese síntoma e incluso incrementarlo para posteriormente ir haciéndolo más soportable. Nunca debemos intentar suprimir el dolor del todo, pues además de encontrarnos ante una situación compleja, el dolor puede estar cumpliendo una función de aviso (ejemplo: apendicitis).

Es importante que enseñemos a la persona a relajarse por ella misma. Este es un recurso que le dará confianza y seguridad. La auto relajación se inicia relajando el cuerpo, ajustando la respiración a un ritmo estable y permitiendo simplemente reducir la velocidad respiratoria. Una vez relajada la persona puede guiarse a ésta a un estado profundo de relajación que facilitará el aumento de la receptividad.

En ese lugar de tranquilidad y en silencio, la persona se hace consciente de su cuerpo. En ese punto puede percibir que su cuerpo comienza a sentirse pesado o ligero, tibio o frío. Diferentes personas tienen sensaciones similares, mientras que otras experimentan sensaciones poco comunes. Al visualizar, la mayoría de personas sienten un ligero parpadeo. Este Movimiento Ocular Rápido (MOR) suele producirse, de igual manera, durante el sueño en la fase conocida como

REM, ésta es una experiencia normal y natural en todas las personas.

Hay diferentes técnicas de relajación, expondremos algunas de ellas que han demostrado ser muy eficaces. Como hemos comentado anteriormente, una vez que se ha adquirido la destreza para conseguir relajar o relajarse, la visualización aporta profundidad al proceso. La guía del contenido de la relajación no es algo cerrado, cada persona puede adecuarla a las características de la situación.

2.1.6.6   *Relajación por visualización de una escena relajante*

"Cierra los ojos..., intenta liberar tu mente de pensamientos a la vez que abandonas tu cuerpo a la relajación y lo liberas de tensión, para ello te puede ayudar el repetirte interiormente frases como: libero la tensión de mi cuerpo, me siento en calma, me relajo y libero los músculos, noto como me invade la calma. Observa como al inhalar coges todo el aire que tu cuerpo necesita y al exhalar te liberas de todo aquello que ya no te es necesario...

Imagínate que hace un día precioso y soleado de primavera..., Estás dando un agradable paseo por el campo y tranquilamente vas caminando por un sendero, al mismo tiempo que vas dejando atrás todas las cosas que te molestan y te preocupan..., sigues andando por ese camino y llegas hasta una agradable y solitaria playa..., y te fijas en el intenso azul del mar y eso hace que percibas una profunda calma..., y tal vez existan otros matices de color en el agua, en las olas, en el entorno donde estás... y contemplas el cielo, su luminosidad, y quizás haya alguna nube o alguna cosa que capte tu atención y te ayude a dejarte ir..., ves una cómoda hamaca y te tiendes plácidamente sobre ella mientras notas su agradable y templado tacto en todo tu cuerpo..., el contacto con la tela hace que tu cuerpo se vuelva aún más pesado y relajado..., al mismo tiempo que te sientes muy bien, sigues respirando lenta y profundamente..., y al inspirar notas la fresca brisa, el placentero aroma del mar, te llenas de energía..., y al espirar te liberas de la tensión, te sumerges en un estado de relajación más y más profundo..., y tal vez se oiga algún agradable sonido como el provocado por el rítmico ir y venir de las olas en la orilla..., ahora concéntrate durante unos instantes más en lo que ves, en lo que oyes, en lo que sientes..., éste es tu lugar especial de relajación al que puedes acudir siempre que lo necesites..., repítete interiormente que en este lugar sientes tranquilad y seguridad, calma, y más fuerza para afrontar las dificultades cotidianas..., sigue disfrutando de tu lugar especial durante unos instantes...,...,...,..., ahora, emprende el camino de regreso con tus células repletas de energía, con tranquilidad y seguridad para poder afrontar mejor las dificultades cotidianas"...

Voy a contar de 1 a 5 y cuando llegue a 5 abrirás lentamente los ojos y sentirás una gran relajación, serenidad y tranquilidad..., 1 disfruta de la relajación..., 2 nota como te invade la calma..., 3 mantén el estado de paz interior..., 4 te sientes muy bien, con una gran fuerza interior..., 5 abre los ojos lentamente...".

2.1.6.7 Auto relajación (entrenamiento autógeno)

Es una relajación muy corta pero muy efectiva, después de haber practicado la relajación con nosotros, le daremos instrucciones para que la persona la realice por sí misma. Se trabaja con la sensación de peso, respiración y calor, se repite cada una de estas sensaciones unas 6 veces. Para ello utilizaremos su mano y brazo dominante (previamente le habremos preguntado). La finalidad es crear un anclaje con la sensación de peso y al evocar posteriormente la sensación de peso, se sentirán las sensaciones que hemos asociado:

"Ponte en una posición cómoda y relajada..., apoya tus manos encima de tus piernas..., y cierra tus ojos para permitir que tu mente focalice su atención en tu respiración y en las sensaciones internas..., eso hará que tu cuerpo comience a relajarse y obtengas el estado de relajación óptimo para sacar el máximo beneficio de lo que te voy a decir a continuación...

Siente como al inspirar coges todo aquello que necesitas, y siente como tus pulmones suben y se expanden para poder acoger todo el aire que entra por tu nariz o boca...

Ahora concéntrate en tu mano derecha..., a pesar de tener los ojos cerrados sabes perfectamente la posición de cada uno de tus dedos..., y te puede parecer que tu mano está inmóvil..., pero siempre que hay vida hay movimiento y por tu mano circula la sangre llevando el oxígeno a cada una de sus células..., y empiezas a sentir como tu mano derecha se hace más pesada..., y puedes notar el peso de tu mano encima de tu pierna..., y pesa..., es como si un gran peso encima de tu mano le impidiera moverse..., más y más pesada..., puedes notar como esa sensación de peso se extiende hacia el brazo haciéndose más y más pesado..., a medida que tu mano y tu brazo derecho se hace más pesado tu respiración se hace más tranquila, más suave, puedes sentir como el aire entra y sale de forma calmada y armoniosa..., es como si todo tu cuerpo respirase..., y al mismo tiempo percibes una sensación de calor agradable en tu mano derecha, y quizás empiece en la yema de tus dedos o quizás en la palma de la mano, es un calor agradable, como cuando tomamos el sol y sentimos su calor y su energía que nos llena..., y esto hace que todo tu cuerpo se relaje y que te sientas muy bien..., y es el mejor momento para decirte a ti mismo algo que sabes que te gustaría hacer...

Ahora siente como tu brazo y tu mano derecha empieza a sentir de nuevo la sensación de peso normal mientras tu mente sigue cuidando tu cuerpo..., voy a contar de 1 a 3 y al llegar a 3 abrirás los ojos sintiendo satisfacción y tranquilidad por tu decisión..., 1 te sientes muy bien..., 2 tu decisión es fuerte y firme..., 3 abre los ojos suavemente...

2.1.6.8 Exposición en imaginación

Como hemos comentado anteriormente, para vencer una fobia la persona que la padece se ha de enfrentar a la situación que la provoca para darse cuenta de que las consecuencias que teme son desproporcionadas e irracionales. Es a través de la experiencia como se rompen los anclajes negativos establecidos entre el estímulo y la emoción de miedo en este caso. Dependiendo de la fobia y de las circunstancias en que se manifiestan sus síntomas, puede ser más o menos peligroso el poner a prueba de forma directa la capacidad de la persona para enfrentarse a ella. En nuestro caso, la amaxofobia presenta una dificultad añadida y es que la persona que la padece está realizando una conducta que entraña un gran peligro si no se ejecuta correctamente. El sujeto tiene en sus manos un vehículo de peso, que puede desplazarse a grandes velocidades generando una enorme energía cinética. Por este motivo, el primer contacto de la persona con el estímulo fóbico debe realizarse en un ambiente controlado y seguro para ella, donde no haya ningún temor que se sume a su propio miedo.

Será a través de la exposición en imaginación donde podremos hacer que la persona visualice de forma efectiva los acontecimientos temidos y hacer que se enfrente a ellos contando con nuevos recursos y estrategias que antes no tenía, primero en forma de reto y posteriormente en forma de satisfacción por haber conseguido su objetivo: poder conducir su vehículo sin sufrir los síntomas de ansiedad, que hasta ahora se manifestaban con el solo hecho de pensarlo.

Es adecuado hacer la exposición de forma gradual y creando distanciamiento emocional, sobre todo cuando advirtamos que a la persona le cuesta mucho enfrentarse a los hechos. Para ello, si es necesario, utilizaremos la disociación de la escena. Hacemos que la persona imagine que se está viendo a sí misma, sufriendo los acontecimientos negativos, pero se ve en una pantalla de televisión o algo similar. Una vez que la persona manifiesta que no siente ansiedad o muy poca, la asociaremos de nuevo para que se vea a sí misma en la escena fóbica de forma directa, sin ninguna pantalla que amortigüe el impacto.

Seguidamente, mostramos una exposición en imaginación para ilustrar lo que hemos explicado. Al ser abierta en su contenido se puede utilizar en cualquier caso de fobia o amaxofobia, si bien se puede adecuar de forma específica a una situación concreta:

La moviola: Esta exposición en imaginación aborda el miedo para transformarlo primero en algo soportable y después en algo natural. La aplicaremos una vez que comprobamos que la persona se relaja y es capaz de visualizar:

"Cierra los ojos. Intenta liberar tu mente de pensamientos

Sebastián Sánchez y Jordi Sánchez

a la vez que abandonas tu cuerpo a la relajación y lo liberas de tensión, para ello te puede ayudar el repetirte interiormente frases como: libero la tensión de mi cuerpo..., me siento en calma..., me relajo y libero los músculos..., noto como me invade la calma.

Realiza tres respiraciones largas y profundas..., (deja pasar unos 30 segundos) ...

Puedes escuchar la música (si la hay), el sonido de mi voz y al mismo tiempo sentir sensaciones que provienen de otros sentidos..., es curioso observar cómo, cuando tenemos los ojos cerrados somos capaces de sentir cosas que normalmente no les prestamos atención..., observa tu respiración..., como al inhalar entra el aire por tu nariz o boca, tus pulmones se ensanchan y acogen el aire para oxigenar tus células..., y quizás puedas sentir el ligero hormigueo del oxígeno recorriendo tus arterias y llegando a todos tus músculos..., y al exhalar te liberas de toda la tensión, de todo aquello que ya no necesitas, dejando que tus músculos se relajen y aflojen..., automáticamente sientes una agradable sensación de calma..., y puedes elegir relajarte ahora o hacerlo progresivamente, experimentando las sensaciones de tranquilidad poco a poco..., siente la sensación del tacto de tu ropa..., de tu pelo..., siente el peso de tu cuerpo en el lugar donde te encuentres..., y como quizás experimentes que tu cuerpo se vuelve más pesado..., o quizás más ligero..., o quizás más ligero y pesado a la vez...

Imagina como al inhalar parte de ese aire se dirige a tus brazos y baja como un río de agua limpia descendiendo por su cauce entre montañas, haciendo que la vida florezca a su paso..., y se dirige a tus antebrazos..., y desciende hacia tus manos y sale por la yema de tus dedos como una suave brisa...

Es posible que tengas zonas de tu cuerpo más relajadas que otras..., quizás tu brazo y mano derecha estén más relajados que tu brazo y mano izquierda..., o tal vez sea tu brazo y mano izquierda la que está más relajada que tu brazo y mano derecha..., o que tu frente..., y tus parpados estén más relajados que tus piernas..., de cualquier forma, eso ahora no importa..., al igual que es posible que tu percepción del tiempo haya cambiado..., ¿Cuánto tiempo ha pasado desde que estás relajándote? 10 minutos..., 20 minutos... ¿Qué diferencia hay entre 10 minutos y 2 minutos? o ¿Entre 15 minutos y 2 horas? A veces, si estamos esperando impacientes el autobús, 9 minutos pueden parecer 2 horas..., y otras veces, como cuando estamos viendo una buena película o teniendo una conversación agradable, 1 hora y media nos pueden parecer 15 minutos..., y tranquilamente permite que el tiempo no sea impedimento para dejarte ir a un estado más profundo de relajación ahora o más tarde...

Ahora imagínate que estás en el salón de tu casa, o en cualquier lugar donde sientas seguridad y confianza..., y estás tranquilamente en tu sillón contemplando la televisión y con el mando a distancia en la mano. Pones el canal 1 y te ves en un lugar maravilloso, estás disfrutando de unas merecidas vacaciones y te sientes muy bien. Recréate con todos los detalles y cada vez que vuelvas a este canal verás muchos más. Observa los colores..., la luz..., la distancia que hay entre tú y los objetos. Siente la temperatura..., y posiblemente también puedas sentir el aire o la brisa si estás al aire libre..., o quizás lo que te haga sentir mejor son los sonidos de ese lugar..., una melodía..., el canto de algún pájaro o el sonido que hacen las olas en su ir y venir..., o el sonido del aire al pasar entre las hojas de los árboles..., y también es posible que percibas los olores..., y las fragancias..., olores que nos remontan a momentos agradables..., y quizás puedas tocar algo con las manos y sentir su tacto, su suavidad o su textura..., dejando que las sensaciones se transmitan a través de los receptores de tus dedos, de tu piel..., recréate durante unos momentos de estas sensaciones tan placenteras...

Ahora cambia al canal 2. En este canal te ves justo antes de la situación temida, empieza desde el primer fotograma en el cual todavía no tienes inquietud ni temor. Y ves avanzando en la secuencia de imágenes hasta que estés en la situación que temes. Fíjate en todos los detalles, en los colores..., y en las tonalidades..., y en la luz..., y en la temperatura..., y en los sonidos..., y en tu sensación de peso, si te sientes con ligereza o con pesadez...

Evalúa tu sensación de malestar e inquietud en una escala de 1 a 5 (1 ningún malestar, 5 un malestar muy intenso)

Cambia al canal 1 (sitio elegido) vuelves a sentir la sensación de seguridad, calma y confianza que te ofrece este lugar, busca un sitio cómodo donde poder descansar y respirar tranquilamente, sin tener nada mejor que hacer…, y recréate tranquilamente de la paz y de la calma de ese lugar.

Escoge uno de los objetos o personas que veas en ese lugar, fíjate también en el brillo y tonalidad de sus colores.

Cambia de nuevo al canal 2, justo antes de que se produzca la situación temida (situación fóbica), pero esta vez aparecerá también en pantalla el objeto, animal o persona que has cogido del canal 1 (sitio elegido), sitúalo dentro de la escena donde tú quieras, intenta también cambiar el tono, el brillo de los colores y las características de la situación temida para que se parezcan al estímulo traído del canal 1 donde se proyecta la situación agradable…, y ves avanzando en la secuencia de imágenes hasta que estés en la situación que temes. Fíjate en todos los detalles, en los colores…, y en las tonalidades…, y en la luz…, y en la temperatura…, y en los sonidos…, y en tu sensación de peso, si te sientes con ligereza o con pesadez…

¿Qué grado de malestar sientes del 1 al 5?

Cambia de nuevo al canal 1 donde te encuentras muy bien disfrutando de unos momentos muy agradables…, observa los detalles y las sensaciones que sientes…, (sitio elegido), y escoge otro de los objetos o personas que veas en ese lugar, y fíjate también en el brillo y tonalidad de sus colores.

Cambia de nuevo al canal 2, y detenlo en el primer fotograma justo antes de la situación que evitabas (situación fóbica), y al mostrarse la imagen aparecerá también en pantalla los objetos, animales o personas que has elegido del canal 1 (sitio elegido), y sitúa el que acabas de traer dentro de la escena donde tú quieras…, ahora la situación ya se ve diferente y al introducir el segundo estímulo intenta adaptar aún más el tono y el brillo de los colores de la situación fóbica para que se asemejen a los estímulos traídos del canal 1.

Reproduce la situación fóbica desde el primer fotograma hasta el último con la introducción del nuevo estímulo (el objeto, animal o persona) …,

Vuelve a evaluar el malestar de 1 a 5…

Cambia de nuevo al canal 1 donde te encuentras muy bien disfrutando de unos momentos muy agradables…, y observa los detalles y las sensaciones que sientes (sitio elegido), y escoge otro de los objetos o personas que veas en ese lugar, y fíjate también en el brillo y tonalidad de sus colores.

Cambia de nuevo al canal 2, el cual ya se ve diferente al haberlo adecuado a los 2 estímulos anteriores y detenlo en el primer fotograma justo antes de la situación que evitabas (situación fóbica), y al mostrarse la imagen aparecerá también en pantalla los objetos, animales o personas que has elegido del canal 1 (sitio elegido), y sitúa el que acabas de traer dentro de la escena donde tú quieras, y al introducir el tercer estímulo intenta adaptar aún más el tono, y el brillo de los colores , y los sonidos, y olores o cualquier características de la situación temida para que se parezca a los estímulos traídos del canal 1.

Reproduce la situación fóbica desde el primer fotograma hasta el último con la introducción del nuevo estímulo (el objeto, animal o persona) …,

Vuelve a evaluar el malestar de 1 a 5…

Cambia al canal 1 y te ves en un tu lugar seguro, disfrutando de la sensación de bienestar. Recréate con todos los detalles. Y observa ese lugar a través de tus cinco senlidos, y mira lo que hay a tu alrededor…, y siente los sonidos…, y huele sus fragancias…, y quizás puedas estar saboreando algo…, o quizás sintiendo la calidez del sol o de la temperatura en tu piel…, realiza tres respiraciones profundas…, cierra suavemente el puño de tu mano derecha y siente como concentras en tu puño toda esa sensación de tranquilidad, de segu-

ridad y de confianza..., abre la mano..., vuelve a cerrarla suavemente y observa de nuevo esa sensación de tranquilidad, seguridad y confianza..., abre la mano..., y continua relajándote (anclaje).

Ahora vuelve a cambiar al canal 2 (escena fóbica). Visualiza la película con los cambios introducidos dándole al botón de avance rápido, cuando llegues al final, rebobina hasta el principio también en avance rápido. ¿Qué sensación has tenido? ¿Tienes más malestar o menos? Prueba ahora a pasar las imágenes dándole al botón de cámara lenta, puedes ralentizarte a ti, a los demás o a ambos, pruébalo de todas las formas. ¿Qué sensación has tenido? ¿Tienes más malestar o menos?

Pasa la película de la situación temida con todos los cambios introducidos a la velocidad que te hayas sentido más a gusto, puede ser: a velocidad normal, lenta o rápida...

Ahora guarda el mando en el bolsillo y métete dentro de la película que se estaba proyectando, iniciando desde la primera secuencia hasta el final, y si en algún momento sientes malestar cierra el puño de tu mano derecha y sentirás las sensaciones de seguridad y confianza en ti mismo, y pisa con fuerza bajo tus pies (haciendo uso del anclaje).

Ahora vuelve a tu lugar seguro (situación elegida), y haz tres respiraciones profundas...

Voy a contar de 1 a 5 y cuando llegue a 5 abrirás lentamente los ojos y sentirás una gran relajación y tranquilidad..., 1 disfruta de la relajación..., 2 a partir de ahora cuando sientas intranquilidad podrás cerrar suavemente el puño de tu mano derecha y recobrar la sensación de seguridad y confianza..., 3 mantén el estado de paz interior..., 4 te sientes muy bien, empieza a activar tus músculos..., 5 abre los ojos lentamente".

2.1.6.9   *Exposición en vivo*

La exposición en vivo representa la prueba final para la persona que padece amaxofobia. Antes de llegar aquí hemos abordado el problema desde una situación de seguridad, que nos ofrece la exposición en imaginación desde un lugar seguro, como puede ser un confortable sillón, para que el sujeto se mida ante su miedo y pueda aumentar así su expectativa de vencerlo. Hemos implementado, mediante la visualización (PNL), un programa donde la persona vivencia la experiencia de conducir exenta de ansiedad. Además, la hemos provisto de toda una serie de recursos recogidos del Modelo Racional Emotivo (MRE), que podrá utilizar en caso de que le hicieran falta y decimos "en caso de que le hicieran falta", porque la confianza y la seguridad han ido en aumento durante el proceso de intervención.

Ahora... ha llegado el momento de subirse a un vehículo y comprobar que todos llevamos dentro un vencedor nato. Para realizar esta fase es aconsejable disponer de un automóvil que esté equipado de doble mando (embrague, freno y acelerador), de esta forma conseguiremos ganar en seguridad real y también en la seguridad subjetiva que necesita el alumno, para que pueda comprobar su capacidad sin que sienta que puede sufrir el más mínimo riesgo. El resultado subjetivo de la exposición que experimenta el alumno es fundamental para romper con el ciclo de miedo–ansiedad que podría presentarse ante la idea de conducir y fracasar. Es por ello que debemos reforzarle los logros por pequeños que sean y mostrarnos tranquilos y seguros. El objetivo es que el alumno coja confianza en sí mismo y empiece a disfrutar de la conducción.

Llegados a este punto es de **vital importancia** que el formador, en las primeras clases prácticas, tenga como objetivo prioritario el mantener la ansiedad de la persona amaxofóbica en niveles mínimos. Ahora no importa si el alumno no hace las cosas bien: si no mira un retrovisor, si no pone un intermitente o no frena, el formador se hará cargo, en caso necesario, de todas esas tareas. De ahí la importancia del doble mando y de la figura del profesor de formación vial. Así

Sebastián Sánchez y Jordi Sánchez

mismo se han de reforzar los avances más insignificantes haciendo que la persona sienta que está progresando. Ante la duda recordar que antes de aplicar la enseñanza de la conducción se ha de priorizar el rebajar la ansiedad asociada al miedo a conducir. Si obviamos u olvidamos esta máxima no podremos avanzar en la enseñanza. En estos casos cuanto más deprisa se quiera ir más fácil será fracasar. Si se observa que el nivel de ansiedad sube lo aconsejable es detener el vehículo con alguna excusa, como, por ejemplo: parar para estirar las piernas. O se puede desviar la atención del sujeto haciéndole que responda a cualquier pregunta relacionada con su profesión o estudios, etc., esto hará que deje de prestar atención a sus síntomas y su ansiedad baje.

En el caso de la amaxofobia secundaria. Después de realizar la conducción con un vehículo dotado de doble mando, la persona que sufre amaxofobia realizará una segunda exposición conduciendo un vehículo sin doble mando y siendo acompañada por un experto en la resolución de este tipo de miedo tan específico. Este procedimiento incrementará su confianza y seguridad.

Finalmente, en una tercera fase conocida como exposición autónoma, se emplearán dos vehículos: uno de ellos será conducido por la persona que padece la amaxofobia y el segundo por el formador.

En el caso de que el preconductor o el conductor, presente todavía algún problema para superar de forma satisfactoria el miedo a conducir, deberemos repasar lo que hemos hecho hasta ahora, y valorar si aún tiene alguna creencia irracional o es necesario reforzar más su confianza con la exposición en imaginación.

Sebastián Sánchez y Jordi Sánchez

BLOQUE PRÁCTICO

Capítulo 3

3. Actividades prácticas

Este capítulo está diseñado para ofrecer una visión práctica relacionada con el contenido teórico que se ha ido desplegando en los capítulos anteriores. De esta manera se ofrece, al profesional, una visión holística de cómo debe establecer su intervención. Huelga decir que es necesario haber profundizado en la lectura de la teoría si la pretensión es optimizar los resultados prácticos.

Hemos creído conveniente que el mejor modo de exponer el desarrollo práctico de una intervención, para vencer el miedo a conducir, es a través de la presentación de alguno de los casos que hemos tratado. Para ello vamos a diferenciar el tratamiento empleado en:

- **Amaxofobia primaria:** donde la persona, sin haber conducido con anterioridad padece, a priori, el miedo a conducir. Para esta situación seguiremos la línea de intervención establecida por el enfoque conductual–cognitivo de Ellis y Grieger (2003) y la PNL de Grinder y Bandler (1993), donde la relajación y la exposición por visualización en imaginación, son las herramientas que nos permitirán borrar los esquemas o programas mentales, donde se encuentran las asociaciones que hacen emerger la fobia junto con los síntomas físicos desagradables y la ansiedad incapacitantes, por una nueva programación mental, libre de estrés, angustia y de la desagradable sintomatología física (taquicardias, sudoración, tensión, hormigueo en las extremidades...).

- **Amaxofobia secundaria:** donde la persona que la padece sufre los síntomas de la fobia después de un periodo de tiempo más o menos largo, habiendo conducido sin problemas destacables. La intervención se lleva a cabo de igual manera que en la amaxofobia primaria, siguiendo tanto las teorías de Ellis y Grieger (2003) y el modelo de Grinder y Bandler (1993). Aunque, como hemos mencionado, en los dos casos que describimos se han utilizado técnicas similares, por no repetirnos, será en el Caso 2, donde se ilustrará, con más amplitud, la parte que corresponde al trabajo de los aspectos cognitivos fundamentados en el Modelo Racional Emotiva (MRE).

No es necesario precisar que, en los casos que presentamos a continuación, se han cambiado los nombres de los clientes que solicitaron nuestra ayuda, si bien es cierto que son casos reales y serán descritos intentando reflejar de forma veraz, según se fueron desarrollando cronológicamente a lo largo de las sesiones de intervención.

Caso 1

3.1 Julia presenta un problema de amaxofobia secundaria

3.1.1 Primera sesión

En esta primera sesión conocemos a Julia, tiene 24 años, es estudiante universitaria y conduce su vehículo con frecuencia diaria para ir de casa a la universidad y de la universidad a casa.

a. Entrevista individual con Julia:

- A raíz de la batería de preguntas observadas en el instrumento de entrevista individual, Julia nos comenta que obtuvo su permiso de conducir a los 18 años, obligada por los padres y por las circunstancias, ya que para ir a la universidad la combinación de transporte público era quimérica, pues necesitaba casi tres horas de ida y otras tres de vuelta, cuando en un vehículo particular el itinerario se podía realizar, tranquilamente, en 45 minutos.

- No presentó problemas en el aprendizaje teórico, pero sí que encontró dificultad en la práctica, para la que tuvo que presentarse 6 veces a examen de circulación, después de haber hecho 97 prácticas de 60 minutos (curiosamente a la mayoría de ellas llegaba más de 15 minutos tarde).

- El tiempo transcurrido desde que obtuvo el permiso hasta que empezó a conducir fue mínimo, obligada porqué ya había empezado a asistir a la

Sebastián Sánchez y Jordi Sánchez

universidad y la ruta en autobús y tren suponían un calvario para ella.

- Los dos primeros días conducía un familiar al objeto de que Julia aprendiese bien la ruta. Al tercer día fue ella quien conducía, pero acompañada del mismo familiar, esta ocurrencia se mantuvo durante tres días más.

- Julia, evitó desde el principio coger el vehículo a no ser por la obligación de ir o volver estrictamente a la universidad.

- Al parecer, tras obtener el permiso de conducir, transcurrieron seis meses de conducción inicial con "normalidad", hasta que un día durante el recorrido diario, de casa a la universidad, Julia encuentra obras en el camino y la hacen tomar un desvío por el que no había pasado nunca, ni como conductora ni como pasajera... Es en ese momento cuando le vienen a la mente ideas recurrentes del tipo *"voy a tener un accidente"*, *"me voy a caer por el terraplén"*, *"los vehículos que vienen de frente van a colisionar conmigo"* ... y empieza a sentir síntomas como: aceleración del ritmo cardíaco, sudoración de las manos, sensación de estar como en una nube y que va a perder el conocimiento de un momento a otro, además de sentir una sensación de opresión en el pecho.

- Ante estos pensamientos angustiosos y los síntomas de ansiedad que presenta, Julia, aparta su turismo como puede y lo deja entre el arcén y la cuneta. Intenta recapacitar sobre lo que está sucediendo y eso la hace entrar en un grado mayor de ansiedad, los síntomas físicos ahora son más evidentes, además sigue dentro de esa nube que no la deja pensar con claridad.

- Pasados unos minutos -aunque ella no sabe precisar si fueron horas o minutos-, admite que no es capaz de seguir, ni tan siquiera de arrancar el motor del vehículo. Marca en el teléfono móvil el número de su padre y le pide con voz entrecortada y sollozante que venga a buscarla (…).

- A partir de ese episodio, cada vez que ha de tomar una ruta que es inesperada para ella, o que no ha planificado convenientemente, o que previamente no ha recorrido con una persona que la guíe, Julia vuelve a sufrir otra crisis de ansiedad relacionada con la amaxofobia.

- Comparte sus miedos con sus padres, pero no se atreve a comentarlo con los amigos y amigas por temor a que la vean como a un *"bicho raro"* o que piensen que está *"loca".*

- El día de la entrevista, manifiesta que está sopesando la posibilidad de abandonar la conducción, aunque sabe que esta decisión influirá en demasiados aspectos de su vida, ya que vive fuera de la gran ciudad y necesita el coche para desplazarse y no estar siempre dependiendo de sus padres.

b. **Administración del CEMIC (2). Amaxofobia secundaria**

- La administración y tabulación del cuestionario nos ofrece los siguientes datos: la puntuación total del cuestionario es de 48, por lo que según la interpretación y criterios de intervención del CEMIC (1 y 2), expresados en páginas anteriores, Julia está situada en el Nivel 4 de amaxofobia, nivel Medio-Alto, por lo que podemos considerar que estamos ante un caso claro de miedo manifiesto a conducir.

La última parte de la sesión se dedicó a explicar a Julia un ejemplo de debate del pensamiento A-B-C-D-E del Modelo Racional Emotivo (MRE), de Ellis y Grieger (2003), descrito en el bloque teórico y que, por no caer en la redundancia, desarrollaremos en el caso 2 de Cesar.

La duración de la sesión ha sido de 90 minutos aproximadamente.

3.1.2   Segunda sesión

Los puntos que ofrecemos a continuación se han de llevar a cabo en el orden establecido, ya que el desarrollo de la intervención se concreta siguiendo una línea ascendente de exposición al miedo a conducir. La pretensión no es otra que, en inicio, la persona que padece la amaxofobia, se enfrente a la situación fóbica desde un contexto controlado en el que podamos trabajar con la ansiedad que produce el estímulo fóbico. Es por esta razón que debemos iniciar la intervención exponiendo al amaxofóbico dentro de un ambiente que esté totalmente bajo nuestro control. Esta posibilidad nos la ofrece la exposición por visualización e imaginación.

La duración total de la sesión ha sido de 60 minutos aproximadamente.

3.1.2.1   Exposición por visualización e imaginación

El objetivo de esta técnica es hacer que la persona sea capaz de sentir y vivir, desde la imaginación, la experiencia fóbica. Para ello necesitamos que el sujeto se halle en estado de relajación (véase técnicas de relajación en los capítulos anteriores).

Antes de iniciar esta fase hay que conversar con la persona amaxofóbica, para que nos concrete una situación, un contexto, un lugar en el que sienta la máxima tranquilidad y relax (ver bloque teórico). Este lugar suele coincidir con una playa paradisíaca, un claro de montaña con hierba, flores, etc. Debe quedar claro que es la persona que recibe la ayuda quien establece esta situación, lugar o contexto ideal, ya que podría ser que nosotros pensemos que una playa es el lugar idóneo para que un sujeto se relaje y no hemos considerado que quizás, esa persona, guarda una mala experiencia de la playa por lo que, en vez de relajarse, cada vez se encontrará más nerviosa y alterada; situación que favorece el bloqueo y dificulta que podamos avanzar en la intervención.

Para la relajación, a ser posible, elegir un lugar donde sepamos que no se nos va a molestar, que esté aislado de ruidos. La persona ha de encontrarse en una postura cómoda, un sillón, un sofá o algo similar donde pueda reposar sin dificultad todo el peso de su cuerpo.

Siguiendo alguna de las técnicas descritas en los capítulos anteriores y una vez la persona se halle en un estado de relajación adecuado le decimos:

*"Quiero que visualices (con Julia acordamos la playa, pues según ella es un lugar que le produce sensación de paz)..., una playa paradisíaca, es un cálido día de principios de verano, y estás disfrutando del sol, del sonido del mar y de la paz que ese lugar te produce..., y estás empezando a sentir la tranquilidad de estar tendida..., reposando sobre una hamaca..., y a medida que escuchas el suave sonido de las olas..., empiezas a sentir una profunda relajación..., y que cuando se acercan sua...ve...mente, hacen que tu relajación sea aún más profunda..., y al estar en ese lugar sientes como la calma y la paz te invaden y eso hace que te sientas bien..., perfectamente bien..., tranquila y relajada..., te sientes bien..., muy bien..., tan bien que podrías enfrentarte a cualquier cosa..., es posible que sientas la energía del sol..., como fortalece todas las partículas de tu cuerpo, y eso hace que te sientes muy..., relajada..., tu mente se encuentra en paz..., tu cuerpo se encuentra muy..., muy relajado..., hace mucho tiempo que no sentías esta sensación de paz y tranquilidad..., ..., ..., y estando con esta sensación de tranquilidad y de paz..., voy a pedirle a tu inconsciente que recuerde que a partir de ahora cada vez que yo te diga **"Quiero que te relajes, vuelve a la playa"**..., volverás a entrar en este estado de paz y tranquilidad y te sentirás bien..., perfectamente bien"*

(repetir el anclaje)..., *"voy a pedirle a tu inconsciente que recuerde que..., a partir de ahora..., cada vez que yo te diga "**Quiero que te relajes, vuelve a la playa"**..., volverás a entrar en este estado de paz y tranquilidad y te sentirás bien..., perfectamente bien".* En este punto podríamos haber utilizado cualquier otro tipo de anclaje.

A partir de aquí la persona puede mostrar un estado que va de la relajación superficial a la relajación profunda, no es necesario que llegue al estado profundo. En todo caso, si se considera que no ha alcanzado el grado de relajación deseado, seguir insistiendo con frases relacionadas con la situación o contexto de relax elegida por la persona. Una vez que hayamos conseguido que el inconsciente de la persona asocie (ancle) la frase de:

> *"**Quiero que te relajes, vuelve a la playa**..., volverás a entrar en este estado de paz y tranquilidad y te sentirás bien..., perfectamente bien"...,*

Pasamos a exponer a la persona al estímulo fóbico, que en el caso de Julia se hizo de la manera siguiente...

"Bien Julia..., ahora voy a contar de uno a tres, cuando llegue a tres, o quizás antes de llegar a tres..., empezarás a visualizar..., o quizás oír o sentir..., sensaciones relacionadas con tu miedo a conducir..., quiero que vayas..., al mismo tiempo que yo voy contando hacia adelante..., al momento..., al día en que ibas hacia la universidad y te desviaron, por obras, de tu itinerario habitual..., cuento hacia adelante..., uno..., aparecen imágenes..., sonidos..., doooss..., es posible que estés sintiendo aquellos síntomas..., treeeees..."

Dejamos pasar unos segundos y seguimos...

"Bien Julia, quiero que sigas con los ojos cerrados y manteniéndote más o menos en la posición que estás, me gustaría que me dijeses que está ocurriendo..."

Generalmente en este momento la persona se muestra inquieta y empieza a describir la situación de su experiencia relacionada con su miedo a conducir.

En el caso de Julia, empieza a describir lo que está ocurriendo a partir de su encuentro con la retención de vehículos en la vía...

- *Julia: voy como siempre camino de la UNI... no sé qué pasa, los coches de delante están frenando... hay caravana...*
- Nosotros: ¿y cómo te hace sentir eso?
- *Julia: bien, normal, no pasa nada, de vez en cuando te encuentras con obras en la carretera.*
- Nosotros: Bien Julia, avanza un poco.

Julia empieza a mostrarse, nerviosa... se agita en el sillón y cierra los puños.

- Nosotros: ¿Qué está ocurriendo Julia?
- *Julia: Algo no va bien..., me han desviado del camino habitual..., esta carretera no la conozco, no sé hacia donde me lleva, me sudan las manos, creo que no voy a poder girar a tiempo y me voy a caer por un barranco..., me noto muy tensa..., eso hace que me sienta aún más insegura...*

Julia ha entrado en un pensamiento circular y recurrente, cuanta más tensión nota en su cuerpo, más ansiedad e inseguridad siente, esto hace que la tensión muscular aumente y ésta que aumente la ansiedad y su inseguridad.

- Nosotros: Continúa Julia.
- *Julia: sigo avanzando, pero la tensión y la ansiedad es cada vez mayor.*
- Nosotros: ¿cómo te encuentras?
- *Julia: mal..., muy mal..., quiero parar...*

- Nosotros: sigue un poco más, ¿qué ocurre?

- *Julia: no puedo continuar, creo que si continúo voy a chocar con los coches que vienen de frente..., estoy frenando y me aparto..., dejo el coche en la cuneta..., no sé cómo, pero he podido apartarme y parar el motor...*

- Nosotros: sigue un poco más

- *Pasa un rato..., no sé decir el tiempo..., pero ahora estoy llamando a mi padre..., le digo que venga a buscarme..., me pregunta que qué ha pasado..., le digo que estoy bien..., pero puedo sentir su preocupación..., no puedo disimular estoy llorando y él lo sabe.*

Julia está llorando, mientras está en el sillón..., la expresión de su cara es de desesperación y tristeza.

- Nosotros: Bien Julia, ahora:

> **"Quiero que te relajes, vuelve a la playa"**
> voy a contar de tres a uno y cuando llegue a uno, o quizás antes, estarás en la playa,
> **"Quiero que te relajes, vuelve a la playa"**

Tresss, vuelve a la playa..., dooos..., puedes sentir el sol..., la paz..., oyes el suave sonido de las olas como vienen y van... uno..., estás relajada..., totalmente relajada..., te sientes bien y en paz..., te sientes muy bien...

El semblante de Julia ha cambiado, la expresión de su cara es serena y tranquila, incluso se dibuja una tenue sonrisa en sus labios. Sus manos se han abierto y descansan relajadas sobre los brazos del sillón.

- Nosotros: Bien Julia, ahora cuando llegue al final de la cuenta de tres, volverás al día en que te hicieron desviar de tu itinerario habitual...

Sólo que esta vez lo vas a vivir sin ninguno de los síntomas que has sentido anteriormente. Te verás haciendo el mismo recorrido donde había obras y te desvían por una ruta desconocida para ti, buscarás indicadores que te lleven a tu destino y llegarás a la Universidad sin ningún contratiempo. La diferencia es que esta nueva experiencia la vas a vivir sintiendo la sensación de bienestar y tranquilidad que muestras ahora cuando estás en la playa, irás relajada y atenta a la conducción, te podrás ver haciendo una conducción atenta y a la vez tranquila (se repite todo este párrafo).

Uno..., vas conduciendo hacia la universidad..., dos..., ves que hay retención en la vía..., tres..., quiero que vivas la situación tal y como te lo acabo de exponer...

Julia sigue serena con la expresión de paz que tenía hace unos momentos, quizás no muestra la tenue sonrisa y ha cerrado levemente los puños. Podemos ver, por el movimiento de los párpados, cómo los ojos de Julia se mueven de forma rápida, es un signo característico de que su cerebro está recreando imágenes, se encuentra en el mismo proceso que cuando se está en sueño profundo, cómo cuando se está en la fase REM.

- Nosotros: ¿Qué está ocurriendo Julia?

- *Julia: estoy avanzando..., llego al lugar donde antes tuve que detenerme..., pero continúo..., sólo que..., no sé cómo es la carretera a partir de aquí.*

- Nosotros: quiero que a partir de aquí te imagines la carretera, verás que no coincide con ninguna que conozcas, el trazado es nuevo para ti, las señales también son nuevas, todo es nuevo. No obstante, te encontrarás bien..., atenta a la conducción y la vez tranquila y relajada...

- *Julia: sigo avanzando..., las señales son nuevas, de hecho, algunas todavía conservan el precinto de plástico...*

- Nosotros: ¿Cómo te sientes?

- *Julia: un poco en tensión, me noto un poco tensa, pero al mismo tiempo aliviada, porqué veo que puedo seguir.*

- Nosotros: Bien, continúa.

- *Julia: veo un indicador muy grande que me anuncia una salida hacia la Universidad..., tomo la salida..., (...) ..., ahora veo el edificio de la UNI..., estoy llegando..., (...) ..., ya he llegado.*

- Nosotros: ¿y cómo te sientes?

- *Julia: regular..., un poco nerviosa, un poco tensa.*

En esta fase Julia ha repasado toda la experiencia estresante, pero disociada de los síntomas físicos y de los pensamientos catastróficos de padecer un accidente. Ahora sólo nos queda reforzar este nuevo esquema o programación mental, para que Julia borre el recuerdo estresante y lo cambie por un recuerdo donde se elimina la asociación que provocaba la ansiedad y el miedo.

- Nosotros: Bien Julia, ahora

  "Quiero que te relajes, vuelve a la playa" voy a contar de tres a uno y cuando llegue a uno, volverás a estar en la playa, **"Quiero que te relajes, vuelve a la playa".**

Tres, vuelve a la playa..., dooos..., puedes sentir el sol..., la paz..., oyes el suave sonido de las olas como vienen y van..., uno..., estás relajada..., totalmente relajada..., te sientes bien y en paz..., te sientes muy bien.

El semblante de Julia expresa ahora una tranquilidad absoluta. Sus manos se han vuelto a relajar y su rostro es una manifestación de paz.

El hecho de que Julia compruebe como puede pasar, de una manera rápida, de la tensión y la ansiedad a un estado de relajación y tranquilidad absoluta, le refuerza la sensación de éxito. Ahora sabe que puede controlar su miedo, que existen estrategias para vencer la ansiedad.

- Nosotros: Julia, ahora cuando llegue al final de la cuenta de tres, volverás al mismo día en que te hicieron desviar de tu itinerario habitual, pero esta vez te vas a sentir mucho mejor que la vez anterior, vas a hacer el recorrido desde el inicio al final e incluso vas a sentir una sensación de felicidad, esa sensación de felicidad la vas a empezar a sentir en tu estómago y verás que se va expandiendo por todo el resto de tu cuerpo. Esta vez puedes hacerlo en silencio, sólo quiero que cuando llegues al final del recorrido, hagas que pase el tiempo de las clases de forma súbita y que te veas emprendiendo el recorrido de vuelta a casa, volverás por una carretera distinta, por la que nunca habías pasado y atendiendo a las señales de orientación llegarás a tu casa y te sentirás bien, muy bien perfectamente bien, tranquila y relajada. (se repite todo este parágrafo).

Cuando estés de vuelta a casa quiero que me digas ¡ya!..., uuuno..., dooosss..., tres.

Trascurridos 40 segundos (en estado de relajación la medida del tiempo es relativa, los 40 segundos de tiempo real no tienen nada que ver con el tiempo subjetivo que ha necesitado el inconsciente de Julia para recrear todas las imágenes y sensaciones)..., Julia dice... *"¡ya!"*

Durante ese tiempo en sus labios se ha ido dibujando una sonrisa, que ha ido creciendo poco a poco. Cuando acaba, la alegría de su faz es más que notoria.

- Nosotros: ¿Cómo te has sentido?

- *Julia: "Muy bien"*

- Nosotros: "Ahora Julia contaré hasta cuatro y cuando diga cuatro saldrás de la relajación, sintiéndote bien... muy bien... perfectamente bien... tan bien como te sientes ahora... sabiendo que el miedo es fácil de vencer..., observa como lo has conseguido en pocos segundos..., has pasado del pánico a la paz y a sentirte bien..., uno..., sientes... tus piernas..., dos sientes tus manos..., tres..., tienes consciencia de donde estás..., cuatro..., abre los ojos suavemente..., bien..., bien..., Julia... ¿qué tal..., cómo te encuentras?

- *Julia: bien, muy bien, no me lo puedo creer..., he hecho todo el recorrido de ida y vuelta sin problemas. Y eso que a la vuelta no tenía ni idea de donde estaba, pero me daba igual.*

El objetivo de esta segunda sesión es cambiar en Julia un recuerdo aversivo, un programa o esquema mental que emite la respuesta condicionada de pensamientos catastróficos y de la presencia de los síntomas físicos no deseados, por un patrón conductual o programa mental, que le permita afrontar la situación sin que se convierta en un problema.

La duración total de la sesión ha sido de 60 minutos aproximadamente.

3.1.3   Tercera sesión

Esta tercera sesión nos servirá (utilizando las mismas técnicas y estrategias que en la sesión anterior), para reforzar la confianza de Julia, además la expondremos a un recorrido, donde acaba perdiéndose y donde le demostramos que lo único que debía hacer es mantener la calma, detener el vehículo en un lugar seguro y utilizar las opciones más adecuadas, como pueden ser: consultar un mapa, preguntar a las personas que estén por la zona, disponer de un navegador GPS, etc. Incluso la hacemos pasar por una experiencia en la que tiene que llamar a su padre para que le aconseje una ruta, sólo que esta vez, ambos viven la experiencia con optimismo e incluso, cuando Julia llega a casa se ríen de la situación.

3.1.3.1   Ejercicio de auto relajación y auto reprogramación

Le decimos a Julia que practique la técnica que acabamos de llevar a cabo a través de la relajación y exposición, tanto en esta sesión como en la anterior, pero con la diferencia de que la realice ella sola, a través de la auto relajación (ver bloque teórico). Se trata de que cuando a Julia le ocurra una experiencia que le cause ansiedad, pueda volver a interpretarla, por visualización e imaginación, en un escenario donde se sienta protegida. La nueva visualización ha de ser neutra y exenta de cualquier variable que le cause sentimiento de miedo y queden eliminados los síntomas físicos indeseados. Ha de visualizar la experiencia y repasarla, hasta que la integre como una situación cotidiana, como una rutina más, que nos encontramos y resolvemos sin mayor importancia y que no dejan huella, en nuestro quehacer diario.

El objetivo de esta sesión ha sido doble: por una parte, consolidar el aprendizaje de Julia y afianzar en su mente el nuevo programa de conducta, que hará que la respuesta de ella, ante los posibles nuevos itinerarios, no sea la de miedo y ansiedad, sino la de aceptación de estar ante una situación cotidiana, que además es habitual y que se puede dar de vez en cuando, tanto en Julia como en el resto de conductores. Por otra parte, le hemos enseñado a trabajar, de manera autónoma, sus posibles experiencias fóbicas o estresantes a través de la auto relajación, visualización e imaginación. Además, le recordamos la importancia de revisar sus pensamientos ilógicos o irracionales a través de la técnica empleada en el Modelo Racional Emotivo (la que exponemos en el siguiente caso).

La duración total de la sesión ha sido de 60 minutos aproximadamente.

3.1.4 Cuarta sesión

3.1.4.1 Exposición real acompañada

Durante esta cuarta sesión vamos a exponer a Julia a la situación fóbica, pero no desde la seguridad y la tranquilidad que nos da el saber que estamos acomodados en un sillón, y entre cuatro paredes, sino metidos en un vehículo y en circulación abierta al tráfico.

Para esta sesión es aconsejable y más seguro, disponer de un vehículo que esté dotado de doble mando (embrague, freno y acelerador), de esta forma conseguiremos ganar en seguridad real y también en la seguridad subjetiva que necesita Julia. Esta situación controlada hará que se sienta más tranquila. Al acabar la sesión haremos ver a Julia que en ningún momento hemos necesitado del doble mando, ya que no lo hemos utilizado. Además, le expresamos que nos hemos sentido muy tranquilos y seguros con ella (reafirmación cognitiva).

El objetivo de la sesión es que Julia constate que el miedo y la ansiedad han sido vencidos, ya que su programa mental de respuesta, causante de la fobia, ha sido sustituido por otro. Por consiguiente, se le propone hacer un recorrido al azar, por donde nunca haya pasado con anterioridad, incluyendo la posibilidad de acabar perdidos, en ese caso se pondrán en marcha las estrategias de búsqueda comentadas en la sesión 2.

Durante el recorrido Julia, se ha mostrado tranquila, ha ido atenta al tráfico, a las señales, al resto de usuarios de la vía, etc. En ningún momento se muestra tensa o nerviosa. No obstante, se le va preguntando, de vez en cuando, si todo va bien, ella contesta: *"Todo OK, sin problemas"*. Se le comenta que en la próxima rotonda (que ella no conoce), saldremos por la primera salida sin saber la población hacia donde nos lleva la nueva vía... Llegamos a un punto en que estamos perdidos..., es Julia quien reacciona y nos comenta que se va a dirigir a unos muchachos que están jugando al fútbol en un descampado. La dejamos hacer... Se baja del coche y cuando vuelve sonríe... Nos comenta: *"Creo que ya se más o menos dónde estamos y qué es lo que tenemos que hacer para llegar al centro de formación"*... Asentimos y la dejamos hacer.

En el trayecto de vuelta, declara que se va a cerciorar de si vamos bien y se detiene para preguntar a un peatón que camina por la acera de un pueblo que estamos atravesando. La respuesta del viandante es *"Sí, sí, todo recto, pero recuerden que han de girar a la derecha en el tercer semáforo y luego seguir recto hasta que encuentren las indicaciones del pueblo que buscan"*, 22 minutos más tarde estamos en la puerta del Centro de formación.

La duración total de la sesión ha sido de 60 minutos aproximada-mente.

3.1.5   Quinta sesión

3.1.5.1   Exposición autónoma

El proceso de esta sesión se desarrolla de forma similar a la cuarta sesión, sólo que esta vez Julia va en un vehículo sola y nosotros la seguimos en otro turismo. El sistema de comunicación se hace a través de un equipo de telefonía de manos libres. Establecemos la conexión antes de iniciar la sesión y permanece abierta la comunicación desde el inicio hasta el final. A priori, se establece con Julia que ha de llegar hasta Vallirana (nos hemos cerciorado de que, antes de ahora, ella no ha oído ni nombrar la población mencionada), le decimos que al salir de nuestra ubicación se ha de dirigir a Molins de Rei, y allí enlazar con la N-340, a partir de ahí se irá encontrando indicaciones que la llevarán al destino especificado.

A las 17:00 salimos de la población origen con destino a Vallirana, Julia encara el vehículo hacia la carretera N-340 y pronto entramos en Molins de Rei. Hacia la mitad de la travesía, de esta población, vemos que se detiene junto a la acera… le preguntamos *"¿Todo bien Julia?"*, ella responde con voz alegre, *"Sí, sí, tranquilos, sólo quiero cerciorarme de que voy bien, le voy a preguntar a esta señora"*. Vemos coma una mujer se aproxima a la ventanilla del acompañante, que Julia ya ha bajado, la señora gesticula una dirección. Al momento vemos que el intermitente izquierdo del vehículo de Julia indica que va a incorporarse a la circulación, sentimos su voz que nos dice: *"Bien, bien, es todo recto, seguidme"*. Parece que ha tomado las riendas de la situación. Vamos tras ella y observamos que sigue escrupulosamente las señales de orientación. Cuando justamente llevamos 24 minutos de viaje hemos llegado al destino pactado y vemos la minúscula rotonda que da la bienvenida a Vallirana.

Seguimos hasta atravesar la totalidad del pueblo y paramos en la gasolinera. Comentamos la experiencia, nos dice que se siente de maravilla. Le preguntamos si en algún momento ha pasado miedo o ansiedad y nos responde que *"para nada"*. Establecemos la ruta de vuelta, sólo que ahora le pedimos que regrese utilizando la autovía y la autopista (ella no conoce el itinerario, pero nosotros sí, y sabemos que el recorrido se puede hacer tanto por carretera nacional, atravesando pueblos, como por autovía y después enlazar con la autopista).

Julia frunce un poco el entrecejo y nos pregunta "¿No me perderé?". Le contestamos que hay indicadores que lo señalizan perfectamente, y que en el caso de que se pierda, ya sabe que preguntando se llega a Roma. Aproximadamente 25 minutos después, Julia está estacionando el vehículo frente al Centro de Formación. Se acerca a nosotros visiblemente entusiasmada y nos abraza mientras comenta: *"No sabéis el peso que me habéis quitado de encima, creí que esto no lo iba a superar nunca"*.

La duración total de la sesión ha sido de 60 minutos aproximadamente.

3.1.6   Observaciones de las sesiones prácticas

Como es de suponer no todas las personas reaccionan de igual manera a los tratamientos, como no todas las personas, cuando se establece un proceso de enseñanza-aprendizaje, aprenden al mismo ritmo. Las sesiones que hizo Julia fueron suficientes para vencer su miedo a conducir, y aunque pueden ser un punto de referencia, hay que partir de que la reseña es orientativa. Así pues, es razonable pensar que otra persona pueda necesitar una o varias sesiones más para la exposición en imaginación, o necesite más tiempo, o un mayor refuerzo en la exposición de la práctica real acompañada o en la exposición autónoma. El forzar el ritmo para que la persona avance sin que haya madurado en su proceso de vencer el miedo o en el de aprendizaje puede ser la causa de avocarla a un fracaso estrepitoso. La situación ideal es amoldarse, adaptarse al ritmo de asimilación y aprendizaje de la persona que quiere vencer y superar su miedo a conducir. Sólo de esta manera y utilizando correctamente y de forma estructurada, las técnicas descritas podremos ayudar a las personas que han confiado en nosotros, a vencer exitosamente su amaxofobia.

Caso 2

3.2 César presenta un problema de amaxofobia primaria

César tiene 28 años, viene a consultarnos porqué un amigo le ha hablado de nosotros y cree que es el momento de vencer su miedo. Está cansado de no poder optar a trabajos para los que necesita tener autonomía y libertad de movimiento y horario, cuestiones que no le ofrece fácilmente el transporte público. En cuanto al terreno personal y social nos dice que se siente igualmente limitado, pues siempre ha de estar pidiendo favores para que lo lleven de aquí para allá.

3.2.1 Primera sesión

Al haber mantenido una charla previa con César y conocer que nunca, hasta ahora, ha conducido empleamos la entrevista para la amaxofobia primaria y en consecuencia le administramos el cuestionario específico para estos casos. El resumen de la entrevista y de los datos que nos ofrece el cuestionario CEMIC (1) es el siguiente:

b. Entrevista individual con César:

Cuando le preguntamos a César cual es la causa por la que quiere conducir, nos comenta que hasta ahora había ido salvando la situación para desplazarse, ya que trabajaba en una fábrica a la que iba y venía con su hermano mayor. El problema es que su hermano se ha emancipado y se ha trasladado a otra ciudad. A esta circunstancia se le suma el hecho

Sebastián Sánchez y Jordi Sánchez

de que la fábrica, donde trabajaba como administrativo, ha cerrado y por lo tanto ha de buscar un nuevo trabajo sea aquí o lejos de aquí. Concluimos que César necesita el permiso por obligación y no por devoción.

Al preguntarle cómo piensa que será su aprendizaje teórico, nos responde que no cree que tenga muchos problemas, pues siempre se le ha dado bien estudiar…, que tiene hábitos de estudio. César nos comenta que aprobó el acceso a la Universidad de mayores de 25 años y que ahora está cursando una carrera en la UOC. Cuando comenta con nosotros estas circunstancias su comportamiento es normal, no observamos signos que denoten ansiedad. Sin embargo, cuando le preguntamos sobre cómo cree que será su aprendizaje práctico…

Enseguida vemos cómo César deja su expresión relajada y se muestra tenso, ha separado su espalda del respaldo de la silla, se ha borrado su sonrisa y en sus labios aparece ahora una visible tensión. Nos responde a la vez que observa el reloj y mira insistentemente hacia la puerta, como si de repente estuviera pensando, que no ha sido una buena idea el venir a vernos (comunicación no verbal). Le tranquilizamos diciéndole que entendemos que pueda sentir miedo a conducir y que son muchas las personas que están en su misma situación, como también son muchas las que han superado ese temor. Por fin nos responde diciendo que:

"Creo que seré un desastre, sólo pensar que he de ser yo quien controle el vehículo…, ya me entran sudores…, intuyo que seré un estorbo…, que todo el mundo me pitará y me dirán de todo… Además, creo que no podría soportar si le hiciese daño a alguien…" (Atribuciones cognitivas de fracaso).

En respuesta al resto de preguntas de la entrevista César nos comenta que:

- Es posible que su miedo a conducir se iniciara después de ver un accidente cuando tenía 11 ó 12 años… Un fin de semana, cuando se desplazaba con la familia a visitar a unos parientes se encontraron con un accidente que acababa de ocurrir, su padre se paró para socorrer y prestar auxilio y César presenció cómo moría desangrada la conductora de uno de los vehículos, mientras el conductor culpable padecía un ataque de ansiedad. Este hecho podría haber quedado aletargado en su inconsciente y aunque al cabo de un mes parecía haberse borrado de su memoria, pudo resurgir cuando César tenía 19 años y alguien le dijo que debería ir pensando en sacarse el permiso de conducir, pues casi todos sus amigos ya lo tenían o estaban en ello.

En este punto es importante reseñar que, aunque es factible que la causa de la amaxofobia de César fuese el accidente que presenció en su infancia, también podría ser que el origen esté en otro suceso del que César ni tan siquiera es consciente. Son muchas las personas que desarrollaron una fobia a volar después de visionar la película "Aeropuerto 77", sin embargo, no eran o no son conscientes de este hecho, sólo saben que tienen pánico a subirse a un avión.

- César nos detalla que el día que sus padres le dieron el dinero para que obtuviera el permiso de conducir se encontraba contento y así se mantuvo hasta encontrarse a unos 200 m. de llegar a la autoescuela. Nos dice que, a unos 100 m. de la entrada del centro de formación, tuvo que pararse y dar la vuelta, pues empezó a sentir ansiedad y pánico.

- Al preguntarle, si recuerda si sentía algún síntoma físico nos dice que supone que los mismos que ha empezado a sentir cuando le hemos preguntado sobre cómo cree que será su aprendizaje práctico…, tensión muscular, sudor frío y unas ganas tremendas de estar en cualquier sitio menos aquí…, sólo que ahora supone que ha aprendido. Opina que con el tiempo ha aprendido, a controlarse un poco…, y por eso ha sido capaz de venir a vernos y puede soportar el impulso de salir corriendo, *pero la procesión sigue por dentro*.

- César nos comenta que sólo le ha contado el problema de su miedo a conducir al amigo que le ha dado nuestras referencias y que al resto de las personas de su entorno lo único que les dice es que "no le gusta" esto de conducir y que además los coches deberían prohibirse dado que contribuyen al calentamiento global del planeta.

- La cuestión es que ahora el coche le hace falta, le es imprescindible y por lo tanto ya no lo puede posponer más... Lo único que quiere es conducir como lo hace la mayoría de gente sin sentirse mal y no pensar continuamente que la "cosa" puede acabar en un ataque de pánico.

c. Administración del CEMIC (1). Amaxofobia primaria

- La administración y tabulación del cuestionario nos ofrece los siguientes datos: la puntuación total del cuestionario es de 52, por lo que según la interpretación y criterios de intervención del CEMIC (1 y 2), expresados en páginas anteriores, César se sitúa en el Nivel 5 de amaxofobia, nivel Alto. Consideramos que estamos ante un caso claro de amaxofobia primaria.

Los datos que nos ofrecen la entrevista y el cuestionario nos aconsejan que, debemos atajar y vencer el problema de amaxofobia de César desde dos frentes: desde la teoría conductual–cognitiva, al objeto de restablecer un pensamiento más lógico y racional a través del MRE y desde la PNL, para que Cesar pueda exponerse a la situación fóbica mediante la técnica de visualización por imaginación.

3.2.2 Segunda sesión

La segunda sesión nos va a servir para: primero explicarle a César el Modelo Racional Emotivo (MRE) y en particular la técnica del **Debate de pensamiento** y mandarle deberes, para hacer en casa, sobre cuáles cree que son sus creencias irracionales (ver el bloque teórico en páginas anteriores). Le decimos que trabajaremos esas creencias en la siguiente sesión y que ahora, para rebajarle tensión, vamos a empezar a trabajar con él la técnica de relajación ya que nos ha comentado que no la conoce y nunca ha hecho nada relacionado con ella.

Siguiendo alguna de las técnicas de relajación descritas en los capítulos anteriores y una vez la persona se halle en un estado de relajación adecuado, podremos continuar con mayor facilidad el trabajo.

En esta sesión el objetivo es simplemente que César se relaje, lo hemos llevado a la situación de relajación que hemos consensuado. En este caso César nos ha confesado que siente una paz y tranquilidad especial, cuando va a un pinar que hay junto a la casita que sus padres tienen en el campo, nos dice que es su santuario. Siendo así, todas las sugestiones de relajación las relacionamos con que César visualice y sienta ese lugar y a su vez compruebe como con este ejercicio puede sentirse como si realmente estuviese allí.

Cuando terminamos la relajación César está sorprendido, manifiesta sentirse muy relajado y que ha experimentado la misma paz y relax que cuando se encuentra en el pinar tumbado sobre una manta en uno de esos días tan especiales.

El grado de relajación de César no ha sido muy profundo, pero suficiente como para que haya podido visualizar el paisaje y sentir el olor característico de "su pinar". Es un indicador de que podremos trabajar, sin problemas, esta técnica con César, cosa que haremos en las siguientes sesiones.

La duración de la sesión ha sido de 60 minutos aproximadamente.

3.2.3   Tercera sesión

César ha hecho los deberes y nos trae un listado de creencias irracionales, también ha buscado darles la vuelta a esas creencias y encontrar una explicación más racional y lógica, aunque para muchas de ellas no ha sabido descubrir un razonamiento racional. A continuación, presentamos alguna de esas falsas creencias y su respuesta corregida.

Primera creencia:

a.   *"Pienso que por mucho que me esfuerce no conseguiré aprender a conducir"*

¿Por qué es irracional la primera creencia?:

César es una persona que hasta ahora ha podido realizar sin problema cualquier actividad intelectual o práctica, por lo tanto, no existe la evidencia de que ha de tener problemas para llevar a cabo este nuevo aprendizaje.

Segunda creencia:

b.   *"Creo que todo el mundo se reirá de mi cuando se enteren que he batido el record en suspensos en el examen práctico"*

¿Por qué es irracional la segunda creencia?:

Si hasta ahora César no ha batido el record de suspensos en ninguno de las materias donde ha tenido que realizar algún tipo de evaluación o examen... ¿Por qué debería ser ahora diferente?

Y aunque así fuese…, creer que "todo el mundo", va a pensar una cosa u otra es una generalización imposible, en todo caso podría ser que alguna persona, falta de sensibilidad, pudiera reírse de César…

Y si en extremo, esta persona existiese y mostrase esa conducta maliciosa, no creemos que mereciera la pena que estuviese dentro del círculo de las personas queridas o que son importantes para César.

Tercera creencia:

c. *"Creo que la gente dejará de confiar en mi capacidad, pensaran que soy tonto cuando comprueben que no soy capaz de realizar con normalidad la tarea de conducir, cosa que ellos hacen como si estuviesen cortando pan o bebiéndose un refresco"*

¿Por qué es irracional la tercera creencia?:

Las personas que hasta ahora confían en César, seguro que lo hace basándose en diferentes competencias y por motivos dispares. El amigo que confía en la sensibilidad de César para compartir con él algún secreto, seguirá confesándole esos secretos, no teniendo nada que ver con que César muestre poca o mucha habilidad en la conducción de vehículos. De igual manera si César, hasta ahora, ha sido un buen administrativo, nadie va a poner en tela de juicio su capacidad profesional. Incluso si hasta ahora César era un habilidoso músico tocando el saxo alto, hasta el punto de que de vez en cuando le llaman para hacer alguna actuación… ¿Van a dejar de hacerlo porqué César no es un as del volante?

Siguiendo esta dinámica fuimos desarmando todas las creencias irracionales o ideas ilógicas de César. Tras este ejercicio César se mostró más seguro y confiado. Le reforzamos la información sobre la máxima de que los pensamientos son la base de las emociones y sentimientos y le encomendamos la tarea de que, si en algún momento empezaba a sentir indicios de ansiedad, intentara parar un momento la tarea que estuviese haciendo, para hacerse consciente de los pensamientos que estaban pasando por su mente de manera automática y circular y a partir de aquí le enseñamos a poner en marcha el paradigma A-B-C-D-E del Modelo Racional Emotivo (MRE):

Ejemplo del paradigma A-B-C-D-E del Modelo Racional Emotivo (MRE)

A - Experiencia Activadora: *Antonio está trabajando tranquila-mente en la oficina..., suena el teléfono..., es su jefe, quien le dice que le ha de hacer un favor, mañana a las 9 en punto llegará el director general de la firma y hay que ir a buscarlo al aeropuerto. El jefe le dice que le es imposible desplazarse, pues ha de preparar la reunión y le pide a Antonio que vaya al aeropuerto a buscar al director general.*

B – Creencias: *A partir de ese momento, Antonio sin darse cuenta pierde la concentración y los pensamientos y creencias que empiezan a pasar por su cabeza una y otra vez son:*

> 1. *Seguro que el director general se dará cuenta de que soy muy torpe conduciendo...*

> 2. *No podré esconder mi ansiedad..., se me notará el sudor y la tensión...*

> 3. *Y si tengo un accidente..., sólo faltaba eso..., entonces sí que pensará que soy un inútil...*

> 4. *El director le dirá a mi jefe que soy un incompetente..., y de ahí a que se enteré toda la oficina hay un pequeño paso...*

> 5. *(etc..., etc.)*

Sebastián Sánchez y Jordi Sánchez

Como hemos dicho anteriormente, estos pensamientos van pasando una y otra vez, sin cesar, sin que en la mayoría de veces Antonio se dé cuenta…, pero están ahí machaconamente, una y otra vez. Es obvio que para cualquier persona que tuviese metido este programa mental que, en forma de bucle, va repitiendo el mensaje de manera incesante acabaría por:

    a. Aceptar subjetivamente que es una persona torpe, incompetente y en definitiva un inútil.

    b. Reforzar su miedo a conducir.

C – Consecuencias: *Ante estas ideas recurrentes e incesantes Antonio empieza a sentir un malestar progresivo, se nota el estómago revuelto, un sudor frío le cubre la frente, siente palpitaciones y empieza a sentir opresión en el pecho, además de un hormigueo en los dedos de la mano derecha… Los compañeros se dan cuenta, hasta el punto que le dicen que se tienda en el suelo mientras avisan al jefe y llaman a una ambulancia… Todos piensan que están ante un caso de infarto… Horas más tarde Antonio es diagnosticado de sufrir una crisis de ansiedad…, le recomiendan unos días de reposo y le expiden la baja laboral.*

Sabiéndolo o sin saberlo, (consciente o inconscientemente), Antonio ha llevado a cabo una conducta de evitación (se ha puesto enfermo) y por lo tanto ha evitado el estímulo fóbico (no ha ido al aeropuerto conduciendo su coche). Pero lo cierto, y lo peor, es que con la evitación ha reforzado su miedo a conducir.

Cuando acabamos de relatar este ejemplo César nos comenta…

"Entiendo lo que me queréis decir…, queréis que cuando empiece a tener esa sensación de miedo, que es cuando comienzan a aparecer los síntomas físicos de sudor, etc., que busque que es lo que estoy pensado y le dé la vuelta"

Le contestamos que eso es exactamente lo que esperamos que haga pero que, además, para que funcione la técnica, ha de desmontar cada uno de los pensamientos y lo mejor que puede hacer, como ejercicio, es intentar ponerlo en práctica con los pensamientos que le hemos descrito en el ejemplo de Antonio, por lo que le pedimos que se ponga en su lugar...

D – Debate: César está de acuerdo y empezamos el ejercicio debatiendo, uno a uno, todos los pensamientos aversivos circulares de Antonio:

> *1. Seguro que el director general se dará cuenta de que soy muy torpe conduciendo...*

Un pensamiento más constructivo y adaptativo que responda al punto 1 sería:

Que evidencia tengo de que el director general piense que soy un torpe conduciendo, ni mis amigos ni mi familia piensan que soy un torpe, en todo caso que no se me da bien. Por otro lado, mis jefes me han de valorar como contable y no como conductor.

Seguimos con el siguiente pensamiento aversivo.

> *2. No podré esconder mi ansiedad..., se me notará el sudor y la tensión...*

Un pensamiento más constructivo y adaptativo que responda al punto 2 sería:

A veces pensamos que las personas, con las que interactuamos, se van a dar cuenta de todo lo que nos sucede, cuando en realidad cada uno tiene los suficientes problemas propios por resolver como para no estar fijándose en los síntomas más o menos visibles de todo aquel que le rodea. Además, es bastante improbable que alguien pueda saber si tu corazón está acelerado o si sientes palpitaciones, o se te adormecen los dedos de los pies, y en el supuesto de que alguien se percatara de que estás sudando: si es verano la excusa del calor es perfecta y si hace frío con decir que crees que estás incubando algún virus…, asunto resuelto.

E – Resultado: César fue desmontando cada una de las ideas irracionales del ejemplo de Antonio y cuando terminó le hicimos la siguiente pregunta. *"¿Crees qué si Antonio en el momento en que fueron apareciendo en su pensamiento todas esas ideas irracionales les hubiese ido dando la vuelta y cambiándolas por pensamientos más lógicos, tantas veces como hubiese hecho falta, habría acabado en una crisis de ansiedad?"*

Respuesta de César: *"Creo que si Antonio hubiese puesto en marcha la técnica que acabamos de practicar no le habría sucedido nada. Además, podría haber ido al día siguiente al aeropuerto y posiblemente habría comprobado que puede hacerlo sin sentirse tan mal como él pensaba"*

Por nuestra parte le decimos a César, que eso es lo que esperamos que suceda cuando él ponga en marcha esta estrategia, de enfrentamiento a sus pensamientos aversivos, basada en el MRE.

3.2.4   Cuarta sesión

Al inicio de la sesión repasamos durante diez minutos los ejercicios de la sesión anterior, nos cercioramos de que César sigue practicando la técnica de Debate de pensamiento del Modelo Racional Emotivo (MRE), para detectar el pensamiento fóbico automático y circular, y que sabe cómo provocar el cambio por un pensamiento más constructivo y adaptativo. Al ver que el resultado es afirmativo le proponemos iniciar una sesión de exposición por visualización e imaginación.

A.   *Exposición por visualización en imaginación*

Al haber trabajado previamente la técnica de relajación con César, éste llega a un grado satisfactorio de relax. A continuación, mostramos como siguió la sesión:

"Bien César, ahora que tu cuerpo y tu mente están profundamente relajados, quiero que te imagines que estás en ese pinar que hace unos días me comentaste..., estás en ese lugar.., y estás tendido sobre una manta..., rodeado de pinos..., y eso hace que te sientas bien..., y te sientes relajado..., y te sientes en paz..., no hay nadie que te moleste..., y sin problemas..., y sin ansiedad..., te encuentras muy bien..., y te sientes tan bien que podrías vencer cualquier miedo..., podrías vencer cualquier reto, cualquier desafío..., te sientes muy bien..., tranquilo y relajado.

*Y así..., en este estado de relajación..., quiero pedirle permiso a tu inconsciente para que a partir de ahora cada vez que yo te diga..., **César vuelve al pinar** (anclaje)..., vuelvas a este estado en el que te encuentras ahora y eso hará que inmediatamente te sientas de la misma manera que te sientes ahora..., tranquilo..., relajado..., muy relajado..., y sabiendo que puedes vencer cualquier miedo o problema que te propongas... (Se repite toda la instrucción de este parágrafo)"*

Seguimos

"Muy bien César ahora voy a contar de uno a tres..., y voy a pedirte que te imagines..., que visualices..., que vas caminando hacia la autoescuela..., vas a empezar tu primera práctica..., y el profesor te está esperando en la puerta del centro junto al coche de prácticas..., es posible que cuando empieces a visualizar la imagen, también empieces a sentir alguno o todos los síntomas físicos que me comentaste en las sesiones anteriores..., uno..., estás llegando..., apenas te quedan cincuenta metros..., dooooosss..., es posible que ya puedas visualizar el coche..., quizás puedes ver que el profesor te esté saludando..., trees."

"Quiero que cuando empiecen a aparecer estas imágenes en tu mente me vayas comentando lo que ocurre, para ello te mantendrás en la posición en la que te encuentras y continuarás con los ojos cerrados..., (...)"

- Nosotros: "Dime César que está ocurriendo"
- *César: "Siento como se me acelera el corazón..."*

La tensión de César se hace visible, tiene los músculos de los brazos tensos y sus manos aprietan el sillón.

- Nosotros: "Continua César, continua hasta llegar al momento en que saludas al profesor"
- *César: "No sé si voy a poder...,"*
- *(Pausa de silencio)*
- *César: "El profesor me saluda..., sigo caminando hasta llegar al vehículo...,"*

César se acomoda en el sillón parece no encontrar la postura deseada, denota malestar.

- Nosotros: "Continua hasta el momento en que entras en el vehículo, va conduciendo el profesor y llegáis a la zona de prácticas... Ahora te toca sentarte al volante"
- *César: "Estoy sentado al volante..., no sé qué me está explicando el profesor..., estoy sudando..., no sé qué me dice sobre la posición del asiento..., quiero irme..., voy a abrir la puerta...,*
- Nosotros: "Está bien ..., ahora escúchame atentamente **César vuelve al pinar**..., contaré regresivamente de tres a uno..., y cuando llegue a uno..., o quizás antes te verás en el pinar..., **César vuelve al pinar**..., tres..., es posible que antes de que llegue a uno..., ya estés disfrutando de la paz y tranquilidad del pinar..., dooooosss..., y fíjate como al descender en la numeración puedes sentir la relajación y la tranquilidad..., y uno..., estás disfrutando de la paz y el relax del pinar..., paz..., tranquilidad..., y relajación..., y eso hace que te

encuentras bien…, muy bien…, disfruta por unos segundos de esta tranquilidad…,"

Segundos de silencio

- Nosotros: "¿Cómo te sientes César?"

- *César: "Bien, muy bien…, tranquilo…, como siempre que estoy en el pinar".*

- Nosotros: "Bien César quiero que seas consciente, de cómo eres capaz de vencer tu miedo, date cuenta de que hace un momento sentías temor y en un segundo has cambiado ese miedo por paz y tranquilidad, quiero que seas consciente de eso…, (…). Ahora quiero que vuelvas a la imagen en la que estás en el vehículo… Hazlo desde el principio y cuando llegues al punto en que tu profesor de prácticas te explica algo relacionado con el asiento…, continuarás y escucharás hasta el final de la práctica como te describe los principales mandos del vehículo: el volante…, la palanca de cambios…, los pedales…, e incluso vas a visualizar el momento en el que arrancas y puedes sentir, escuchar el ruido del motor, sólo que esta vez va a ser diferente, vas a visualizarlo, pero no sentirás ninguno de los síntomas que te preocupan… Vas a vivirlo como una experiencia agradable…, quiero que lo visualices sin que tengas que compartirlo conmigo…, sólo dime ¡ya! cuando hayas llegado al final… Contaré hasta tres y volverás a iniciar la visualización que te he mencionado desde el principio hasta el final…, uunooo…, empiezas a visualizar como vas caminando hacia tu primera práctica…, dooos…, te aproximas…, tres"

Después de unos segundos

- *César: "¡ya!"*
- Nosotros: "¿Cómo te has sentido esta vez?"
- *César: "Bien, pero un poco raro"*

En este punto se le vuelve a llevar a la situación de relajación. Devolvemos el relax a Cesar llevándolo a la imagen del pinar y después seguimos...

- Nosotros: "Está bien César voy a contar de uno a tres y volverás a visualizar la experiencia completa, sólo que ahora podrás hacerlo como si lo estuvieses viendo en un video, donde puedes avanzar de forma más rápida, detener la imagen si así lo deseas o ir al ritmo que quieras..., cuando termines avísame diciéndome ¡ya!..., esta vez cuando acabes te sentirás muy bien..., uno..., dooooss..., tres"

Después de unos segundos

- *César: "¡ya!"*
- Nosotros: "¿Cómo te sientes?"
- *César: "Bien..., muy bien"*
- Nosotros: "Bien César ahora contaré hasta cuatro y cuando diga cuatro saldrás de la relajación, sintiéndote bien..., muy bien..., perfectamente bien..., tan bien como te sientes ahora..., sabiendo que el miedo es fácil de vencer, mira como lo has conseguido en pocos segundos..., has pasado del pánico a la paz y a sentirte bien..., uno..., sientes... tus piernas..., tus manos..., dos..., tienes consciencia de que estás sentado..., tres..., sabes el lugar donde te encuentras..., cuatro..., abre los ojos suavemente..., bien..., bien..., César..., ¿Qué tal cómo te sientes?
- *César: "Genial..., estoy como cuando he dormido la siesta, me encuentro muy bien"*

El objetivo de esta sesión ha sido rebajar la ansiedad de César, para que pueda afrontar su aprendizaje práctico sin problemas y reprogramar en su mente una nueva manera de experimentar la situación, hemos cambiado, mediante la técnica de visualización, las imágenes y las sensaciones de miedo y malestar por imágenes neutras, donde César vive la experiencia de manera natural.

La sesión ha sido de 60 minutos aproximadamente.

3.2.5   Quinta sesión

Ejercicio de auto relajación y auto reprogramación

Como en el caso de Julia, enseñamos a César a que practique en casa la auto relajación y que realice ejercicios de visualización, de esta forma conseguirá acelerar y optimizar el proceso de recuperación en su lucha contra la amaxofobia (ver en el bloque teórico como realizar este ejercicio).

3.2.6   Sexta sesión y sesiones posteriores

B.   Exposición real acompañada

Esta sesión empieza de igual manera que empezó la sesión anterior, con la diferencia de que ahora sí que estamos esperando a César en el lugar acordado con el vehículo de prácticas y en disposición de que comience su aprendizaje en modo real.

Vemos venir a César y cuando está a unos 50 m. lo saludamos con la mano. César nos devuelve el saludo…, no parece mostrar signos de ansiedad. Cuando llega junto a nosotros le tendemos la mano, en forma de saludo, y comprobamos la falta de sudor…, buen síntoma… A renglón seguido le preguntamos… ¿Qué tal César?..., él nos responde *"bien, bien algo nervioso…, aunque creo que dentro de lo normal"*.

Durante el desarrollo de la práctica, cuando le explicamos a César, a vehículo parado, los principales mandos del vehículo, César se muestra con un grado de ansiedad normal, o dicho de otra forma, con el mismo grado de ansiedad-tranquilidad que se mostraría otro alumno que no padeciese amaxofobia. No obstante de vez en cuando le hacemos preguntas del tipo: ¿Todo bien hasta aquí?..., ¿Volvemos a repasar esta parte?..., ¿Tienes alguna pregunta?..., ¿Estás bien?..., ¿Seguimos? Todas estas preguntas suelen ser habituales para comprobar si el alumno asimila toda la información que el formador le ofrece y si la terminología y los ejemplos que se utilizan se ajustan a la manera de entender del alumno, pero además en este caso es un método, una estrategia, para comprobar si el nivel de ansiedad de César se mantiene dentro de la normalidad. Las respuestas de César son similares a las de cualquier persona que recibe su primera clase práctica de conducción.

Importante: Durante las prácticas el formador ha de priorizar la vigilancia del nivel de ansiedad del alumno. Si la ansiedad se descontrola el aprendizaje se ralentiza o anula. Es de vital importancia que el alumno acabe la práctica sin ansiedad y con la sensación de que ha avanzado en la lucha contra su miedo.

En el caso de César, comprobamos que cuando empezó a desplazarse el vehículo, su respiración se hizo más rápida y audible, controlamos la situación con la técnica del desvío de atención. Al iniciarse los síntomas le fuimos preguntando a César cuestiones relacionadas con su carrera. En ese momento no importa si asimila correctamente el uso de los pedales o del volante, priorizamos el que César, sin percibir lo que estamos haciendo, vuelva a un nivel de ansiedad "normal" y a partir de aquí seguiremos incidiendo en la enseñanza práctica.

En las clases prácticas restantes el aprendizaje de César se mantuvo dentro de la normalidad. Si bien, a solicitud de éste, le practicamos una relajación para que pudiera visualizar un examen de circulación, que en sus palabras "(...), *no es por un tema de fobia, sino porque pienso que me servirá para ir más relajado...*)".

Comentar que, durante el periodo de prácticas, César ha seguido trabajando con la técnica de detección de las creencias irracionales según el MRE que pudieran pasársele por el pensamiento y que en todo caso ha demostrado saber cambiarlas por otras ideas más racionales y lógicas. Además, ha practicado en casa la auto relajación y la visualización.

C. *Exposición autónoma*

César aprobó el examen práctico de circulación a la segunda convocatoria. El suspenso de la primera no guarda relación con la amaxofobia y sí con un problema de medidas en el estacionamiento.

Enseguida que tuvo su permiso de conducción ejerció su derecho a conducir, pues le esperaba un trabajo y además un familiar le había regalado un coche usado.

Para esta última sesión le comentamos a César, que está pautado en el programa realizar una sesión autónoma, para comprobar que las respuestas correctas y adaptativas, que hasta ahora se han mostrado durante el periodo de acción formativa, para vencer la amaxofobia con la presencia de un profesor-formador, se siguen dando cuando la persona conduce su vehículo sin que nadie le acompañe. César responde que le parece bien y que no hay problema.

La preparación de la logística fue similar a la empleada en el caso de Julia: conexión antes de iniciar la marcha de móviles con manos libres (la consigna es que no hay que desviar la atención para marcar o tocar ningún botón, sólo tenemos que hablar y en todo caso lo mínimo) y disponer de un vehículo de seguimiento.

César arranca y se dirige hacia su nuevo trabajo, le seguimos atentos. En el segundo semáforo observamos cómo se le cala el motor del coche..., (suspense)..., no intervenimos..., César pone en marcha el motor..., semáforo verde... César continúa..., pasados tres o cuatro minutos peguntamos...

¿Qué tal?..., Bien, bien estoy un poco nervioso..., por el tema del itinerario..., pero bien..., (...).

Transcurridos 32 minutos César entra en un polígono industrial se dirige a una nave inmensa y estaciona en los aparcamientos que están destinados al personal de la empresa..., paramos a su lado.

César se acerca y nos dice... "Pero bueno que pasa... ¿me vais a felicitar o no?"

Sebastián Sánchez y Jordi Sánchez

Capítulo 4

4. Sistema de evaluación del proceso y de los resultados de la intervención

Un programa de intervención psicológica, educativo, o de formación, ha de tener presente la evaluación, no sólo de los resultados, sino también del proceso.

Ambos tipos de evaluación requieren, del profesional, un esfuerzo que se concreta en ir más allá de la simple intervención, por lo que el experto se ha de convertir en investigador. En este caso, el objeto de estudio es su propio trabajo y la finalidad la optimización de la acción profesional, de los recursos, de las estrategias psicopedagógicas y del programa formativo.

4.1 Evaluación de resultados: Cuestionario de inicio y de salida (pre-test y pos-test)

Una de las ventajas de utilizar instrumentos de medida cuantitativa, para la evaluación y posterior intervención psicopedagógica y formativa es que, al administrar dichos instrumentos, tanto al inicio como al final de la acción de cambio, podemos conocer si se han producido ganancias o pérdidas, entre el antes y el después de la aplicación del programa de intervención. Además de posibilitar el comparar los resultados cuantitativos entre la evaluación inicial y la final podemos saber qué cantidad de cambio se ha producido durante ese periodo.

Los datos cuantitativos nos permitirán, a través del análisis estadístico, saber si los cambios observados son significativos, según la probabilidad de suceso, y si el cambio se debe a nuestra acción o por el contrario esta variación ha sido producto del azar.

La comparación puede ser global, si analizamos la puntuación total, o parcial si observamos las diferencias que se presentan ítem a ítem.

4.2 Evaluación cualitativa del proceso

El instrumento que nos permite conocer las ganancias cualitativas es la entrevista, tanto la específica para personas sin experiencia previa en la conducción -registrada en este documento como entrevista para la evaluación de la amaxofobia primaria- y por otro lado una segunda entrevista que evalúa la amaxofobia secundaria, que como ya se ha descrito se dirige a personas que ya han conducido previamente. A través de estos instrumentos podemos conocer y comparar: opiniones, creencias, expectativas, miedos, sentimientos y emociones que muestra la persona en el momento inicial de la intervención -el primer día que viene a pedir ayuda- y el momento final correspondiente a la última sesión. Este análisis nos permite comprobar la evolución de todas las variables implicadas en el proceso. Así, podemos interpretar, conocer y comprender como se ha producido el cambio.

La evaluación del proceso, llevada a cabo mediante la observación sistemática, bien en un diario de campo o registros narrativos u otros instrumentos más estructurados, nos ha de servir para mejorar nuestras futuras acciones, mejorar los instrumentos de medida y conseguir la mejora del programa de intervención. Todo este proceso revertirá en la optimización de la resolución de los problemas de amaxofobia en las personas que padecen este trastorno.

Sebastián Sánchez y Jordi Sánchez

a) El análisis del proceso nos permite replantearnos si nuestras acciones han sido las idóneas para ayudar al amaxofóbico, o si hemos de mejorar en:

- Estrategias o técnicas que faciliten los procesos de relajación, de visualización e imaginación, de enseñanza-aprendizaje, de la comprensión y uso de la teoría conductual cognitiva mediante el MRE, del manejo del vehículo...

- Recursos pedagógicos (ejemplo: necesidad de un vehículo adaptado).

- Recursos emocionales (ejemplo: empatía)

b) El estudio del proceso nos puede permitir, a corto y medio plazo, la mejora del programa posibilitando la adaptación de nuevas variables que vayan surgiendo a lo largo de la intervención y del proceso formativo.

4.3   Evaluación de impacto

Otro de los puntos a considerar es la evaluación de impacto. Se trata de comprobar si los resultados obtenidos el día en que se da por concluida la intervención con la persona que vino a pedirnos ayuda, se mantiene después de un tiempo.

Por consiguiente, sería aconsejable que pasados 6 meses nos pusiéramos en contacto con la persona que ha pasado por el programa y mantuviéramos con ella una entrevista. De esta forma podemos constatar si su estado, en relación con la amaxofobia, se mantiene estable, ha mejorado o ha habido algún tipo de retroceso.

4.4 Entrevista de devolución

La entrevista de devolución es la que posibilita el explicar a la persona, que ha recibido nuestra ayuda, la comparación de resultados entre la evaluación inicial y la final. Resultados que se han obtenido tras la tabulación y análisis del cuestionario CEMIC, además de la información obtenida de las entrevistas y de los instrumentos de observación.

También es el momento oportuno para que el cliente nos ofrezca su opinión de cómo ha vivido la experiencia y de que nos defina qué aspectos considera que han contribuido de manera más importante o relevantes en el proceso de vencer su miedo a conducir. Podemos recoger su opinión sobre aquellos puntos fuertes y débiles que la persona considere, tanto del proceso, como del programa de Cómo Enseñar a Vencer el Miedo a Conducir (CEVEMIC).

La entrevista de devolución tiene tres objetivos fundamentales:

1. Reforzar la expectativa del cliente en la afirmación de cómo ha vencido su miedo a conducir, mejorando su autoestima y su auto concepto.

2. Facilitarnos la incorporación de futuras mejoras en nuestras acciones de intervención.

3. Ayudarnos en la mejora del programa CEVEMIC.

Sebastián Sánchez y Jordi Sánchez

4.5 Cómo mejorar el programa y el proceso de intervención

El análisis tanto de los resultados como del proceso nos posibilita el conocer las ganancias observables que el individuo muestra, pudiendo comparar las diferencias que presenta, desde el momento inicial en que vino a pedirnos ayuda y el momento final, en que damos por terminada nuestra relación profesional en la resolución del problema de amaxofobia.

La suma de las intervenciones, desde el estudio de las entrevistas iniciales y de devolución, junto a las memorias comparativas de las evaluaciones iniciales y finales deben ser aprovechadas por el profesional para contribuir en la optimización del proceso y del programa CEVEMIC.

Sólo desde esta postura de compromiso por la mejora, podremos avanzar en el tratamiento de las personas que padecen de amaxofobia y contribuir, por extensión, en la lucha por la reducción de los accidentes de tráfico.

Sebastián Sánchez y Jordi Sánchez

BIBLIOGRAFÍA RECOMENDADA

Bandler, R. (1997). *Magia en acción*. Editorial Sirio: Málaga.

De Nardone, G. (2003). *Más allá del miedo: Superar rápidamente las fobias, las obsesiones y el pánico*. Paidós Ibérica: Barcelona.

Ellis, A. y Grieger, R. (2003). *Manual de terapia racional-emotiva*. Plaza edición: Bilbao.

Festinger, L. (1957). A theory of cognitive dissonance. Stanford, CA: Stanford University Press

Grinder, J. y Bandler, R. (1993). *Trance-formate: curso práctico de hipnosis con programación neurolingüística*. Gaia ediciones: Madrid.

Hawkins, P. (2007). *Hipnosis y estrés*. Editorial Desclée de Brouwer: Bilbao.

Martín, Á. y Vázquez, C. (2005*). Cuando me encuentro con el capitán Garfio: (no) me engancho. La práctica en psicoterapia gestalt*. Editorial Desclée de Brouwer: Bilbao.

Pérez, E. (2005).*Amaxofobia o miedo a conducir*. Instituto Mapfre de Seguridad Vial.

Ready, R., Barton, K. y Guix, X. (2003). *PNL para dummies: Educa tú inconsciente y logra hacer realidad tus deseos*. Plaza edición: Barcelona.

Rogers, C. (1972). *Psicoterapia centrada en el cliente*. Buenos Aires: Paidós

Sebastián Sánchez y Jordi Sánchez

Sánchez, S. (2011). Validación de un cuestionario breve para la evaluación del miedo a conducir en preconductores. *Securitas Vialis*, 9, 37-52.

Sánchez, S. (2012). Evaluación del miedo a conducir o amaxofobia en preconductores. *Securitas Vialis*.

Sánchez S. (2019). Tú decides, tú cambias, tú vives. Amazon.

Torrebadella, P. (1997). Cómo desarrollar la inteligencia emocional. RBA. Ediciones de Librerías: Barcelona.

Vázquez, M. I. (2001). *Técnicas de relajación y respiración*. Plaza edición: Madrid.

9 781692 946838